**Estampas
de la Guadalajara vaciada**

tierra de
guadalajara

130

guías

Antonio Herrera Casado
Isidre Monés Pons

Estampas
de la Guadalajara vaciada

estampas con voz propia

aache
ediciones

Guadalajara 2024

Producción, maquetación, y edición electrónica:
AACHE Ediciones
C/ Malvarrosa, 2 (Las Lomas) - Telef. 949 220 438
19005 - Guadalajara
E-Mail: editorial@aache.com
Internet: **www.aache.com**

Impresión:
PodiPrint
C/ Cueva de Viera, 2
29200 - Antequera (Málaga)

Impreso en España - Printed in Spain - Imprimé à la C.E.

I.S.B.N. 978-84-19813-21-3
Depósito Legal: GU-26/2024

ÍNDICE

Primera Palabra

Este es un libro de imágenes, de dibujos hechos a mano, con lapicero (o algunas otras antiguas técnicas del grafismo) y con mucho cariño por los pueblos, y sus gentes, que en la provincia de Guadalajara han ido desapareciendo poco a poco, pasando de ser lugares vivos de convivencia y risas, a lugares silenciosos donde solo unas huellas, a medias hundidas a medias perdidas, quedan del tiempo pretérito.

Tres son los motivos por los que está hecho este libro. El primero, sin duda, es para arropar la iniciativa de dibujar algunos elementos (plazas, portadas, campanarios y fuentecillas) de los pueblos en proceso de extinción de este tierra, por parte del artista Isidre Monés, quien siempre ha manifestado, desde la nítida altura de sus miras, un interés muy marcado por estos lugares silenciosos de la entraña peninsular hispana, como reflejos que son de un pasado cordial y risueño, abocados al gris transparente de la soledad por el imparable rodar de los tiempos.

El segundo sería recuperar, en la medida de lo posible, la memoria de esos lugares vacíos, documentando gráficamente algunos aspectos de cada uno de los pueblos más característicos que están sufriendo ese fenómeno social y demográfico. Algunos pueblos de la provincia de Guadalajara, que a principios del siglo XX sumaban unos 450 nombres, han desaparecido por haber sido cubiertos por las aguas de embalses. Otros, porque han sido destruidos al completo por el propio Estado, para repoblar con bosques sus espacios, o incluso en maniobras de entrenamiento del Ejército. La mayoría

de los vaciados lo han sido a costa de la emigración de sus habitantes: muerte de los más mayores, y traslado a las ciudades de los más jóvenes. Aunque no siempre ese vaciamiento ha dado lugar al abandono, porque en muchas pequeñas poblaciones se da hoy el caso de que nadie vive durante los días de la semana laboral, pero sí llegan a habitar sus casas algunos propietarios en fines de semana, días festivos y periodos vacacionales. Dando como resultado, en algunos sitios que no pueden ni deben incluirse en la marca "Guadalajara vaciada", el hecho de su transformación en urbanizaciones de uso temporal.

El tercer motivo es el impulso de animar al viaje por las zonas de la Guadalajara vaciada, para asumir este proceso de despoblación, y guardar en la retina sus imágenes. Es un intento un tanto romántico de poner en imagen un lento proceso de abandono, vacío, y silencios.

Y, para terminar, una consideración con la que debería haber empezado. Como es la de preguntarse –¿Qué es la Guadalajara vaciada? ¿A qué nos referimos cuando la nombramos?– Podría responderme que esta es una denominación genérica, que no tiene estadísticas propias, ni disfruta de órganos de gestión ni difusión, tan solo viene a darle nombre a un espacio, en el que se integran pueblos, –unos vivos y otros ya vacíos–, y paisajes, por los que la mano del hombre apenas actúa. Es la constatación de un hecho, del que se conocen, genéricamente, sus causas, pero para el que no se tienen, de momento, claras las soluciones. El desarrollo de la sociedad occidental, especialmente tras las guerras del comedio del siglo XX, se hizo en un sentido claramente urbanita. Gran parte de la población que asentaba en pueblos, zonas rurales y espacios productivos quiso acudir a la ciudad, para residir en ella con mejores opciones de educación,

atención sanitaria y servicios sociales. Además de ocio y diversión –entre cines, teatros y festivales pasaban muchos el tiempo–. Y al final esa tendencia se ha hecho mayoritaria, muy prevalente, con lo que a lo largo de las últimas cinco décadas la pérdida de población de las áreas rurales ha sido espectacular. España es un país en el que más de las dos terceras partes de su población vive a menos de cinco kilómetros de la línea de costa. Esto es: dos de cada tres españoles ve el mar al levantarse por la mañana. O lo huele. Y el desarrollo industrial, y productivo, se ha centrado en esas áreas. Esa especie de tensión marinera de los españoles ha condicionado el progresivo vaciamiento del interior: sierras (en general muy frías, y secas), planicies y páramos, valles por muy productivos en cereales que sean, pueden ser atendidas desde lejos, visitadas en plan senderista, y desatendidos a continuación. Esa España interior, inmensa en superficie, ha quedado despoblada. En Guadalajara, que es una de las provincias más céntricas de la península, el fenómeno ha sido especialmente llamativo. De una población de poco más 200.000 habitantes, el 90% se ha concentrado en las orillas del río Henares, que la une a la Comunidad de Madrid. Y así se ha llegado al resultado, llamativo sin duda, de que el 10% de la población de esta tierra se extiende, muy fragmentado, por el 90% de su territorio. Siendo obvio que, de resultas, encontramos que es el 90% de la población lo que se concentra en el 10% de su espacio geográfico.

En este libro hemos agrupado los pueblos dibujados y tratados en cuatro áreas fundamentales. Que vienen a corresponderse, más o menos, con las características cuatro comarcas naturales que conforman a la provincia. Aunque no exactamente. Porque la Campiña del Henares no presenta "pueblos vaciados". Pero la Serranía del Ducado [de Medinaceli] que es parte de la Sierra, sí tiene una enorme cantidad de ellos. Así pues, el conjunto de lugares que aquí parecen dibujados y descritos son pertenecientes a la Sierra norte, la Serranía del Ducado, la Alcarria y el Señorío de Molina. De cada una de ellas aparecen los lugares más llamativos. Pero no todos. Porque los ejemplos podrían llegar a sumar más de un centenar.

En todo caso, este libro al que hemos titulado "Estampas de la Guadalajara vaciada", te va a suponer un admirable conjunto de imágenes (dibujadas con fervor y maestría) y un catálogo de lugares a los que recordar siempre como manantiales de vida, y hoy espacios a los que viajar, y en ellos encontrar nítida la palabra nostalgia flotando en sus ambientes. Nostalgia que es, en la mejor definición que hemos conocido de ella, "la alegría de estar triste", la mirada sosegada que reconoce un tiempo ido. Y no lo califica. Simplemente lo asume.

Monés, el ilustrador, se explica

Solemos hablar de retrato, al referimos al dibujo, pintura o fotografía de una persona. A mí me gusta hablar también de RETRATO, sea de una iglesia, una cabaña o un árbol, incluso de un zueco o una garlopa.

El proceso siempre es el mismo: vas paseando, ensimismado, pero alerta, "Badant", concepto catalán intraducible que podría ser: embobarse, pararse a contemplar, estar en Babia... y algo, al girar una esquina, al levantar la cabeza hacia una cornisa, te atrae, te fascina, puede ser un arco medieval, o una puerta vieja (que no antigua). Difícilmente será la puerta de aluminio de un garaje.

Paseando por un pueblo desconocido, no puedes apartar la vista de una puerta de corral, repintada diez veces, y donde asoman por las esquinas de la madera no sólo las distintas manos de pintura, sino el verde de la humedad, y las rendijas de luz del interior, apenas cubierto.

Ahora es la arquitectura popular de una fachada, caótica, y a la vez como compuesta por un escenógrafo, con sus ventanas tapiadas, sus puertas de geometría variable a través de los años y las necesidades. Sus desconchados, remiendos y sus arrugas. Que Tapies me ayudó a valorar. Sus tramos de adobe, algún entramado de madera, piedra y ladrillo, quizá en espiga, todo ello, naturalmente, sin formar parte de ningún catálogo oficial ni de ningún centro de interpretación a mano. También (por suerte) sin ninguna regla constructiva o decorativa dictada por el alcalde de turno. Con la mismísima funcionalidad del campesino que amontona herramientas en desuso en el patio/huerto.

Mi proceso siempre es el mismo: podría dibujarlo en directo (como hacía en mi juventud) pero el tiempo siempre es corto, y por eso opto, avaricioso, por atesorar imágenes fotográficas emocionadas, y una vez en casa, ante la imagen en el ordenador, que permite ampliar detalles a los que la vista no accede, dibujarla, casi con la emoción intacta.

Razón tenían los "lugareños" poco avezados a los modernismos, cuando cerraban la puerta a los "fotógrafos" de cámara de placas, trípode y magnesio en ristre, dispuestos a "captarlos". Temían, con razón, que parte de su espíritu se fuera detrás (prisionero) de aquel artilugio del diablo.

Hace años, sacar una foto, con su coste en película, revelado y copias, debía pensarse dos veces: Velocidad de obturación, campo focal, encuadre, composición... Ahora, sacar fotos con un telefonillo, es gratis. Se pierde el mimo y las cautelas, quizá por eso y por la mínima valoración de lo manual (en todas las revoluciones industriales se da el caso) grupos de dibujantes con la etiqueta de "URBAN SKETCHERS" se lanzan a la calle a… hacer lo que toda la vida se ha denominado "DIBUJAR DEL NATURAL" pero, ¡bienvenida la moda!

Incluso a mí me cuesta entender, por qué a los 12 años dibujé por primera vez, un caluroso verano, los detalles de una rústica puerta de un minúsculo pueblo de Lleida.

Entre el dibujo juvenil y los herrajes de Zamora, median 65 años, en los que he dibujado de todo: Cómics, libros, cromos, juegos… no sé hacer otra cosa, pero siempre también, puertas, ventanas, iglesias, arquitectura popular.

Gaspar Friedrich, artista alemán romántico, allá en el 19, pintaba cuadros, donde un espectador, siempre de espaldas, contemplaba un paisaje inquietante o una ruina gótica. Hace mucho que Friedrich es para mí un referente, como, Turner, Martí Alsina o Urgell. (avanzados al simbolismo)

Y es que si existe una "Cultura del Esfuerzo" o "Cultura del Vino" existe también la "Estética de la RUINA"

Unas son más fotogénicas que otras, a mí me gusta más una de románica, gótica, maya o hindú, integrada en la vegetación, que una de romana, en la arena de Túnez, pero la estética existe siempre, incluso entre el caos y el derrumbe.

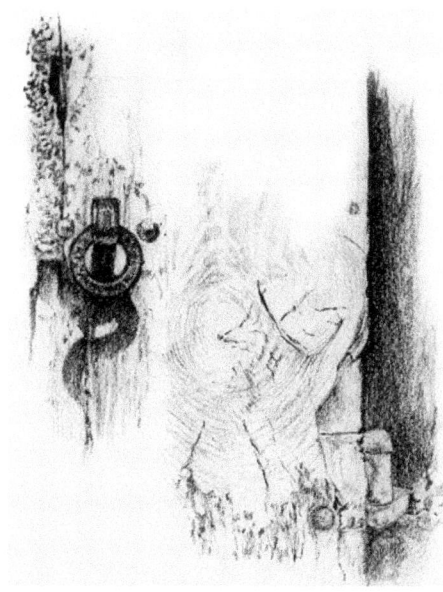

Viejos hierros
[Isidre Monés, 1959]

Mirad si no, la vieja central térmica de Aliaga, la vieja fábrica de armas de Orbaizeta, el "Balneario de la Puda de Montserrat", o un depósito de herrumbrosas locomotoras.

Viejos hierros zamoranos
[Isidre Monés, 2023]

La eterna espera, en la estación olvidada
[Isidre Monés, 2024]

He dibujado muchas veces a mi amigo imaginario ,"el Pato Viajero", esperando un tren imposible en el apeadero de "Barbadillo del Mercado" , o en cualquier otro, lugares, ya antes, lejos del municipio y ahora en el centro de la nada, en la horizontal geometría castellana de la abandonada línea ferroviaria "Santander- Mediterráneo".

En estos azarosos tiempos de "Inteligencia Artificial", la "ESTÉTICA DE LA RUINA" transfigurada , acariciada y amada por cualquier procedimiento pictórico manual, puede llegar a ser incluso humanamente transgresor.

Dibujar esos pueblos abandonados de la Guadalajara vaciada, ha sido un triste gozo, quizá (vete a saber) también, la "ESTÉTICA DE LA DENUNCIA".

Isidre Monés Pons
Ilustrador.

Alcorlo

T<small>IENE</small> A<small>LCORLO</small> <small>UNA HISTORIA DE ESCALOFRÍO</small>. Es el típico lugar que perece bajo las aguas de un pantano, y del que nunca más se supo, si no hubiera sido por gentes que se empeñaron en seguir hablando de él, rememorándolo, escribiendo, celebrando reuniones. Muchos nombres deberían salir aquí, especialmente los de quienes pasado el año 2000 crearon la Asociación de Hijos y Amigos de Alcorlo; los de quienes promovieron, desde el Ayuntamiento de La Toba al que pasó a pertenecer su terreno, el traslado de los restos de sus antepasados poniéndolos en un pequeño cementerio junto a una ermita de San Bartolomé moderna, vigilante sobre la masa de las aguas; y el de Agustín Esteban, que en su página web *alcorlopantano.com* ha dejado cientos de páginas escritas con la memoria de este lugar de la Serranía guadalajareña.

A Alcorlo, todavía vivo y con gente, fui en 1978, cuando el pueblo estaba ya condenado, para visitarlo, departir con su gente, y sobre todo fotografiarlo. Me acompañaba Santiago Bernal, con su Hasselblad, y algunos amigos ruteros. Vimos una mujer cribando judías, y un matrimonio asomado a un balcón del primer piso de su casa. Se oía gruñir a los cerdos en las cortes, y había niños corriendo y persiguiéndose, con palos. Las que aquel día se hicieron por unos y otros, son el mejor reportaje que quedó hecho de Alcorlo vivo. Aún sobrevivía una película en superocho que hizo un francés, Alain, con su mujer Pili, oriunda del pueblo, en 1968, y que luego fue editada y mejorada por Agustín Esteban, dándole el título de *Alcorlo, un pueblo que fue*. Está puesta en el sitio web que he mencionado antes, y él mismo dice de él que *este vídeo se creó con la firme intención de mantener vivo el recuerdo de Alcorlo y sus gentes*.

Esteban ha conseguido recoger entera la memoria de Alcorlo. Él vivió, aún niño, los años en que se barruntaba la construcción del pantano, y los azares de la expropiación de los terrenos y los edificios. Todos sabían que el futuro estaba marcado, y suponía la desaparición del lugar donde vivían, donde habían nacido, donde habían hecho su historia muchas generaciones anteriores. Pero el dilema era: irse tomando las indemnizaciones (mínimas) que el Estado les daba, o irse sin nada, rabiando. Todos cogieron sus dineros, y plantearon la vida fuera del valle del Bornova.

Tras los trámites lentos de las indemnizaciones, y las advertencias de que tenían ya que salir de sus casas, el 28 de enero de 1982, las fuerzas de Orden

Público entraron, a pie y motorizadas, en la aldea de Alcorlo, incendiando primero todas las viviendas, que previamente habían sido desocupadas por sus habitantes, y posteriormente con máquinas excavadoras, destruyeron sus ruinas. No quedó nada. Días después, las aguas del embalse de Alcorlo comenzaron a subir, anegando los restos que quedaron. Solo se salvó la iglesia, que muy pronto se desmontó entera, y se trasladó piedra a piedra hasta Azuqueca, donde se reconstruyó en el barrio de Asfain, y se utilizó desde marzo de 1988 como parroquia de Santa Teresa.

El Atance

ESTE ES UNO DE ESOS LUGARES QUE EL AUTOR GUARDA EN LA MEMORIA con la fuerza de lo vivido en primera persona. Conocí El Atance cuando estaba vivo, y sus casas ocupadas por vecinos, con los que pude charlar, brevemente. Después, su entrada en la categoría de la "Guadalajara vaciada" fue declamada por todos, y hoy ya subyace (los edificios bajo el agua, y la memoria perdida si no fuera por algunos escritos de López de los Mozos y Alonso Gordo) en el neblinoso recuerdo de la frase "aquí hubo un pueblo, bajo estas aguas". El Atance quedó anegado por el pantano de su mismo nombre, que se edificó en la última década del siglo XX para que sus aguas sirvieran de riego a las comarcas bajas de la Campiña de Guadalajara.

Había tenido su importancia, en siglos viejos, porque estaba en un camino transitado, el que iba de Jadraque a Atienza, y por allí pasaban recueros, salineros, soldados y viajeros, junto a las orillas de los ríos, donde los caminos siempre son más amables. Allí vivían los "escarabajos", como los llamaban en el entorno. En 1591 había 190 habitantes, en el siglo XIX llegaron a contarse 210, y a principios del siglo XX hubo ocupados unos 75 hogares, un total de casi 400 habitantes. Luego empezó a bajar: la emigración a las ciudades y sobre todo la noticia, en 1971, de que se construiría una presa aguas abajo, muy cerca, seguida del proyecto firmado, de 1982, del inicio de las obras y el arranque de las expropiaciones, en 1990, y de las aguas subiendo y ocupando el pueblo en 1997. Las gentes se fueron marchando, excepto Rufo y su mujer Pilar, que aguantaron hasta el último día.

Yo llegué a verlo entero, bien conservado y ameno. Dos fuentes hermosas: la de arriba, en la plaza, de 1874, frente a la iglesia, y la de abajo, o de las Cuatro Calles, trasladada a Sigüenza, bajo el castillo. La iglesia era valiente y rotunda, obra del siglo XVI con arreglos posteriores. Un magnífico retablo en su interior, que se trasladó a la iglesia de San Gil en Molina de Aragón, y todo el edificio considerado representativo, se estudió su traslado al barrio Aguas Vivas de Guadalajara en 1993, consumando ese viaje y asentamiento, tal cual era, en forma de parroquia dedicada a San Diego, en la Avenida de El Atance [así llamada en honor del pueblo sumergido] en 2005. Solamente quedó en pie, y apenas sin daños, la ermita de la Soledad, en la parte alta del pueblo, camino ya de Santamera. Aunque hoy, tras varios años de progresiva ruina, y

a pesar de los avisos que algunos dimos en los medios de comunicación, se ha derrumbado y ahora piensan las autoridades en qué forma podrán recuperar aquello que era, si no una maravilla del arte, sí parte del corazón de nuestra tierra, limpia llamada de devoción en medio de los campos vacíos.

Mucho más podría decir de este lugar, que se ha borrado, no sin dolor, del mapa de Guadalajara. Por ejemplo, que aquí nacieron señores de importancia, como don Pedro Bochones, que en el siglo XVII fundó una capellanía en Sigüenza, y monseñor Alejandro Blanco, que en el siglo XX llegó a ser prelado de honor en Barquisimeto, Venezuela. Y de la forma del pueblo, aunque genérico, entrañable, recordar se debe lo que Alonso Gordo (a quien Monés ha retratado junto a su bicicleta) rememoró como *"un lugar agradable en el que había unas 80 casas, algunas tainas y bastantes palomares, con media docena de calles que confluían en la plaza, donde estaba la fuente, el ayuntamiento, la escuela y la iglesia. Además contaba con fragua, salinas, tejar, lavadero, calera, y un frontón en la plaza. Todas las cocinas tenían su horno, donde las mujeres hacían sus panes. Las casas eran de piedra caliza, o de adobes y entramados de madera, enfoscadas de argamasa blanquecina y algunas mostraban dibujos, y frases esgrafiadas, todas cubiertas de teja árabe".*

El Vado

SIERRA NORTE DE GUADALAJARA, SIERRA DE AYLLÓN, MACIZO CENTRAL, son algunos de los nombres que acogen tierras, bosques, ríos y pueblos de un área deprimida y lejana de España. En su centro mismo, aislada siempre por sus inciertos caminos, pero presente en las esencias de lo hispánico con raíces celtibéricas... y pocas más. Todo lo que vino después de la Edad del Hierro es novedad por esta altura.

A El Vado, sin embargo, que tenía un estilo de vida anclado en la prehistoria, y que durante siglos fue el lugar donde los viajeros y ganaderos cruzaban el río Jarama, la novedad le vino en forma de Real Decreto, firmado por no sé sabe bien qué mano, y que decidía que su existencia había terminado porque un pantano recogiendo las aguas del río serrano iba a construirse, y el nivel de las mismas supondría el ahogamiento del lugar. De ahí le viene hoy a El Vado ese machacón retumbe de adjetivos: el pueblo al que se le tragó las aguas de un pantano.

Fue en 1902 cuando surgió el primer proyecto de hacer una presa para retener las limpias aguas del Jarama, y abastecer Madrid con ellas. Dentro del "plan Gasset" (ministro de Fomento con el rey Alfonso XIII), y como reacción al triste 98, se hizo un proyecto inicial en 1910, y la luz verde para la presa la dio el gobierno en 1924, empezando a construirse en 1929, que fue cuando dieron inicio los expedientes de expropiación. Describía así el ingeniero la zona en torno: "*La zona en la cual está enclavada la obra pertenece a una región de muy escasos caminos, pobre y despoblada*", como forma de justificar el despojo. La Guerra Civil paralizó las obras, que se reanudaron en 1940, contando entonces con el trabajo forzado de reclusos y presos políticos. En 1954 el general Franco asistió al acto de inauguración, viendo cómo se había colocado un gran escudo del Estado autárquico sobre el frontal de la presa. Las aguas subieron, y El Vado feneció. Hoy, cuando baja el nivel, se ven restos de casas, árboles desmochados, restos de un puente...

Junto al cabezal de la presa, un monolito que puso la Confederación del Tajo en 1951 recuerda al Arcipreste de Hita, aquel medieval clérigo llamado Juan Ruiz, que muchas veces cruzó el Jarama en sus correrías serranas, dejando unos versos que se han reproducido en el monumento:

Cerca de aquella sierra hay un lugar
honrado, muy santo y muy devoto:
Santa María de El Vado. Hice allí
una vigilia, como es acostumbrado
a honrar a María dediqué este dictado.

Un recuerdo de El Vado supone sacar algunas cifras a la luz: en 1591 había 23 vecinos. En 1752 El Vado tenía 83 casas y 58 vecinos. Y en el Madoz de 1850 se habla de 85 casas, 45 vecinos (un total de 215 almas, incluyendo las que vivían en Matallana y La Vereda). El cénit lo alcanzó en 1900, contando con 333 habitantes entre las tres aldeas. Y en 1970 se describe como "sin habitantes". En el entorno había ganadería: ovejas y cabras lo que más, pero también vacas, mulas, para el trabajo agrícola, y cerdos para la alimentación familiar. "La Cerrada", "La Braña" o "El Robledo", como sus propios nombres indican, eran parajes boscosos, que fueron paulatinamente deforestados. También hubo un puente cruzando el Jarama, que ya existía en 1590, y que muy posiblemente era de tipo pontonero, con dos cabeceras de mampostería, sobre las orillas, unidas por largos troncos de madera, de roble o sabina, cubiertos con un entablado de madera para el facilitar el paso. Allí había además, un gran molino, una fragua, una aceitería, una carnicería y una taberna.

Y, por supuesto, una iglesia, que es casi lo único que hoy recogemos al visitar esos pagos. Nuestra Señora de la Blanca o "Santa María del Vado" era el templo común, localizado a unos cien metros de la villa, en el paraje de *Cerca de los Olivos*, sobre el cerro de la Muela, una atalaya privilegiada sobre el río. Tenía dos entradas, muros recios, una bonita espadaña, y una nave única cubierta por entramado de madera, y lajas de pizarra. Era una auténtica "iglesia nagra" conforme a la arquitectura de la zona. Hoy es lo único que contemplará el viajero que alcance a llegar a esta fantasmal presencia de El Vado.

Jócar

A JÓCAR LA VACIARON DE TODO. Menos de recuerdos, y del cementerio. Eso es lo único que ha quedado de esta población serrana, tras los avatares del último cuarto del siglo XX en que de forma generalizada las pequeñas poblaciones rurales de la Sierra Norte guadalajareña fueron condenadas a su desaparición, y sus habitantes a la emigración forzosa. En un país que sigue recibiendo a los inmigrantes con una sonriente política de brazos abiertos, a los de aquí se les dijo, y no hace mucho: *"Señores, aquí ya no caben, váyanse vuesas mercedes donde mejor los quieran"*.

De Jócar quedan hoy unas naves, a medio abandonar, donde se guardan a veces unas ovejas. Todo lo demás ha sido destruido, por el tiempo, por las gentes, por la artillería... ni siquiera la iglesia ha quedado, porque también la derrumbaron, salvando solamente (algo es algo...) la portada, que ha recalado en el Museo Diocesano de Sigüenza, y la pila bautismal. José Antonio Pinel, que es de la zona, ha escrito un magnífico reportaje sobre Jócar en el libro *"Serranía de Guadalajara: despoblados, expropiados, abandonados"*. Allí nos dice cómo fue el proceso de su vaciado: En 1968, el Patrimonio Forestal del Estado, por una Ley de Expropiación Forzosa, se quedó con las 2.107 hectáreas del pueblo y término. A sus habitantes les dieron, en total, entre todos, cinco millones y medio de pesetas equivalentes a unos actuales 33.000 euros. En 1970 se procedió al desmantelamiento total. Se declaró el pueblo como "perímetro de reforestación obligatoria". Entre 1978 y 1980 se destruyó el pueblo, incluso la iglesia, con máquinas excavadoras y algún que otro ejercicio/maniobra del ejército, para afinar punterías. Y hoy lo controla el gobierno regional, que ha elevado allí una gran nave para alquilarla a los ganaderos del entorno, para estabular sus ganados.

De sus habitantes puede decirse que en 1787 eran 183, y años después, en 1845, según el Madoz había 42 vecinos ocupando 43 casas, sumando 164 habitantes y habiendo una escuela. Del plano de entonces se colige que tuvo cinco calles (Costanilla, de Tamajón, de Cogolludo, de la Fuente, la del Hoyo, y un callejón de la Fragua). Sus gentes se dedicaban al pastoreo, ovejas y cabras, y se cosechaba (muy poco) trigo, centeno, cebada, más hortalizas, legumbres y

algo de vino. También se dedicaban a la crianza de abejas, a la producción de miel. En lo alto del cerro, la Torrecilla, queda una casamata de la Guerra Civil. A casi 1.200 metros de altitud, desde abril de 1937 la ocuparon las tropas de Franco como observatorio hacia Guadalajara y Madrid. El Tercio Valvanera operaba en ella.

En su relato sobre Jócar, José Antonio Pinel entrevista a Isabel de la Cruz Palancar, quien tiene clavado en el recuerdo los días del fin. Y cuando el escritor le pregunta si se acuerda cómo fue la salida de la gente, del pueblo ya sentenciado, ella recuerda que *"Primero se fueron yendo los jóvenes. Conseguían trabajo en alguna fábrica del corredor del Henares y después de un tiempo daban la entrada en un piso en Guadalajara, Alcalá o Azuqueca. Incluso a Madrid los que conseguían una portería. Luego todo fue sucediendo poco a poco. Al final del verano, cuando la gente había recogido la cosecha y tenía algún dinerillo en el bolsillo, era el momento de salir. Domingo tras domingo, aprovechando que venían los hijos las familias se volvían con ellos a la ciudad. Después venía lo duro, añade. Convivir varias personas en pisos de menos de ochenta metros cuadrados. Pero… ¡había que aclimatarse, hijo!"*

Y al preguntar Pinel por lo que opinan de la venta del pueblo, otro antiguo vecino, Manuel Heras Criado le dice que *"Me pareció fatal, dice. Yo nunca lo hubiera vendido. El pueblo podía vivir con el ganado que tenía".* Y recuerda que hubo un vecino que dijo: *"en Jócar se trabaja mucho y no se come nada, y en Madrid con el trabajo de una persona comen veinticinco".* Esa frase dictó la sentencia final de Jócar.

De la foto que hice en 1972 ha conseguido Isidre Monés un extraordinario dibujo. Sigue viva, palpitante en esos trazos, la memoria de Jócar, un pueblo que pasó a la Guadalajara vaciada en el sacrificio de unas reformas que para nada sirvieron.

Robredarcas

SE HACE DIFÍCIL LLEGAR A ESTE QUE FUE PUEBLO DE ROBREDARCAS. Vacío ya, cuando el famoso Real Decreto de 1967, le vino luego la anécdota, que todavía cuesta creerla, de ser bombardeado por el ejército, para con sus casas hacer prácticas de tiro. Lo cuento porque lo ví, porque charlé con los militares que allí estaban estacionados, con sus carros de combate, sus morteros, y sus estrategias de guerra fácil, sin enemigo enfrente. Hasta han quedado, y se han publicado, fotografías de aquellos días, con la alegría de los soldados entre sus ruinas.

Robredarcas fue siempre un lugar pequeño de la Sierra Norte. En el siglo XVI tenía 20 vecinos (unos 100 habitantes) que subieron a 120 en época de Floridablanca (1787), pero que fue bajando en 1847, cuando los cuenta Madoz, y son solamente 50 habitantes viviendo en 14 casas. Como todo el término tenía muchas fuentes, muchos bosques (de robles unos, de ahí su nombre, y de encinas otros, que usaban para carboneo). Había también cultivo de secano, de judías en los huertos y ganados (ovejas y cabras, sobre todo).

A estos "lobos" o "lobatos" como les llamaban en los alrededores, se les mantuvo en el seno de un nuevo municipio que agregó tres de la zona: lo llamaron Secarro y agrupaba a Semillas, las Cabezadas y Robredarcas. Finalmente, en 1967 el Decreto de reforestación obligatoria les condenó a malvender sus propiedades, e irse con la música a otra parte.

No todo se hundió, ni lo tiraron los tanques. La iglesia se salvó, y aunque muy arruinada aún hoy luce la gallardía de su espadaña occidental, con el hueco para sus campanas, siendo más alto el de la derecha. En todo sencilla, hoy solo quedan sus cuatro paredes, y la descripción meticulosa que un amigo de los pueblos serranos, el delineante de Cogolludo don Juan Luis Pérez Arribas, describió con detalle, cuando aún se podía ver. De allí salió una cruz procesional de rasgos netamente medievales, románicos, que hoy se exhibe en el Museo Diocesano de Arte Sacro de Sigüenza.

Esa cruz, que tiene el encanto de lo viejo y extraño, es una pieza de relieve en bronce sobredorado, con inscripción sobre la cabeza del Crucificado, en el interior de una cartela que sujeta un ángel. En los extremos de los brazos, aparecen un sol y una luna, y la especialista en orfebrería Natividad Esteban López la da por pieza de finales del siglo XIII o principios del XIV.

De la iglesia, que es pura ruina aunque mantiene sus cuatro altos muros y la espadaña, puede decirse que perteneció al románico rural, arreglada en el siglo XVII y desacralizada en el XX. Se ve la portada de arco de medio punto, y en el interior, a pesar de la ruina total, se ve alguna hornacina que posiblemente diera acogimiento al santo protector del lugar. Por fuera, se deja adivinar un atrio con dos ventanales a los lados de la entrada. Ese atrio donde, desde la Edad Media, las gentes de Robredarcas tendrían sus reuniones y sus charlas.

Como muchos de estos lugares serranos, vacíos ya, hundidos, abandonados, a Robredarcas la quedan tan solo los recuerdos de quienes lo habitaron, el rumor evocador de sus hijos y nietos, las escasas fotografías que alguien tomó momentos antes de su derrumbe, o los dibujos que plasman su belleza idealizada.

Santotís

DE LA SIMPLE RUINA ENTRE ZARZALES que hoy da testimonio de este lugar, tengo constancia personal y cierta, porque dos veces lo visité, hace muchos años, tantos que ni los cuento. Santotís era un pueblecito gris, enhiesto, con muchas casas de pura pizarra, de elegancia aldeana. Se llegaba tras subir un camino polvoriento desde la carretera que de Arbancón va a Muriel.

No tuvo suerte Santotís, y la carretera que antes de la Guerra se proyectó para comunicar Veguillas con Galve de Sorbe, hoy en uso, al final pasó lejos de este pueblo. Se aisló. Y así llegaron los años 70 del XX en que el Estado "presionó" a las gentes de este pueblo a que vendieran sus casas y huertos, sus propiedades, para deshacer el pueblo y ocuparlo con la repoblación de pinos. Todos se marcharon, excepto uno, que no quiso vender, ni casa ni terrenos, y se quedó allí a vivir. Un ejemplo numantino. Se les ofrecían maravillas, riquezas, prosperidad... que trabajarían en los trabajos de reforestación, que podrían vivir en la capital o pueblos grandes... todos fueron engañados.

Está a unos 1.300 metros de altitud, al resguardo de la Sierra Gorda, que alcanza los 1.560 mts. Antiguamente llevaba por nombre La Casa de San Tirso, y estuvo primero en la Tierra de Atienza, en su Común, pasando luego a ser Tierra de Cogolludo. Entre el Sorbe y el Bornova. Tierras altas, ventiladas, escalofriantes. Eran sus fiestas en honor de San Tirso, en invierno, y de San Roque, en verano.

Como en todas partes, la gente que lo habitaba tenía sus ciclos festivos, sus alegrías personales y familiares, sus entrañables lazos: cuenta mucho de ello el cronista Francisco Lozano Gamo, en el libro de *"Serranía de Guadalajara"* y queda el recuerdo de algunas coplillas serranas que recogiera el etnógrafo Sinforiano García Sanz, que decían algo así como *"Tienen cara de alabastro / las mozas de Cogolludo / y las chicas de Santotís / como serillos peludos."* Y luego aquello de que *"Aleas y Robredarcas / y el pueblo de Santotís, / vaya tres pueblos de pena / que no tienen ni candil."* Aún en 2019, Guillermo Chicharro hizo el reportaje *"La aldea olvidada"* que sirvió para poner a Santotís, durante unos días, en primera página de la actualidad.

Algo así dejé anotado tras mi primera visita a este pueblo, refiriéndome a la iglesia, que visité por inventariarla, y guardar su memoria, sospechando que su desaparición estaba cantada. *La iglesia, a la que se accede desde la calle*

Real, está construida mayoritariamente con pizarra salpicada por guijarros. En algunas zonas se observan maderas cruzadas entre la pizarra cuyo objeto sería reforzar los muros. Exteriormente conserva en buena parte de sus muros el revoco de yeso. Estos, sobre todo los de la parte oeste, están ocultos por la hiedra que escala hasta la espadaña, que tiene dos huecos, lo que presupone que tenía un par de alegres campanas. El arco de la espadaña es de sillares de piedra caliza, que se mantienen en un equilibrio increíble... Y así en detalle. Pero nada ha quedado.

Umbralejo

D<small>E HABER ESTADO EN LA NÓMINA, MILITANTE, DE LOS PUEBLOS VACÍOS</small> por abandono, Umbralejo pasó a ser, en los años ochenta, un referente de recuperación ordenada, y aunque bastante artificial, porque no volvió a ser un pueblo con vida aldeana, servicios y obligaciones, al menos se salvó como Centro de Enseñanza, como Aula de la Naturaleza, como lugar recuperado en sus formas para la admiración de los urbanitas. Que algo es algo, y no todos han podido decir lo mismo.

Viva desde tiempos medievales, se extendía entre densas masas de robles en la umbría de un alto cerro, con caída y vistas hacia el cercano río Sorbe, que abajo corría, y con la mirada siempre abierta hacia la mole grisácea (nevada la mitad del año) del Pico Ocejón. Construidas sus casas, iglesia, lugares comunitarios y corrales con la piedra oscura del gneis y la pizarra de esta Sierra, tenía el hermoso aspecto de lo natural y auténtico.

Aunque no estaba previsto aquí reforestar, porque ya era un terreno densamente ocupado de roble, rebollo y quejigo, en amigable compañía y parentesco, la gente se fue a otros lares, a la capital, a los pueblos de la Campiña, a Madrid incluso, dejando el pueblo vacío, y abandonado. Según me refirió una umbralejeña que se marchó del pueblo hacia 1970, la localidad no contaba con suministro eléctrico y las casas se alumbraban con candiles, no había agua corriente y era necesario ir con cántaros a abastecerse en la fuente más cercana, las calles se convertían en un barrizal cuando llovía y los huertos estaban muy lejos del pueblo. En aquellos años todo quedó abierto y hundiéndose. Gente hubo que intentó llevarse la pila bautismal, y las campanas. Eran años de buscar y revender, de desmontaje total de un mundo viejo.

Pero todo cambió en 1984, cuando se inició el Programa de Recuperación de Pueblos Abandonados, promovido por la Junta de Comunidades de Castilla La Mancha y los Ministerios de Educación, Cultura, Deporte, Medio Ambiente y Fomento. Se recuperó el conjunto urbano y se rehicieron muchos edificios, destinándolos a usos docentes y de acogida de actividades educativas: se montó un auditorio entre las casas, y estas se destinaron a

aulas, alojamientos, museos, etc. De tal manera que desde Guadalajara y de otros pueblos vinieran grupos de escolares a vivir las nociones de un antiguo establecimieto rural serrano.

La verdad es que Umbralejo luce hoy muy bien, "queda bonito", y alumbra en la sensación del viajero un repique de tiempo antañón, de arquitectura densa y autóctona, aunque a esa calles empinadas y esos muros bien alineados le falte el sonido de la gente que va y que viene, de los niños que salen de la escuela... Monés ha recreado ese viejo tiempo, y nos recuerda hasta cuando por allí había gatos.

Lo que se estableció está resguardado por una cerca que rodea el conjunto, y una "portería" en que siempre hubo gente cuidando el viejo pueblo serrano, incluso en épocas que ha estado inactivo. La iglesia fue lo único que no se rehabilitó, porque dependía del obispado, y este no pensaba dedicarla al culto. Esta iglesia tiene una gran espadaña triangular de origen románico. En el resto se han conservado las fraguas, las escuelas y el lavadero. Hay una casa tradicional reconvertida en museo, y otras con capacidad de albergar gente, muy amplias.

Sacedoncillo

EN ESTE CASO FUE LA GUERRA LA CAUSANTE DEL ABANDONO. Aunque la emigración ya hacía sus cosquillas a este enclave, fue el establecimiento del frente en esa zona, entre republicanos y nacionalistas, lo que supuso frecuentes bombardeos del pueblo. Hacia Jócar y Arbancón, los nacionales. En Tamajón, los republicanos. Los bombardeos se sucedían a lo largo del otoño e invierno del 36, por lo que los vecinos se fueron a vivir a las cuevas de en torno a Tamajón, por los Enebrales. Pero en el otoño de 1937 las autoridades de la República obligaron a todos a evacuarse. Al terminar la guerra, con todo el pueblo en ruinas, aún vió como algunos volvieron, rehicieron sus casas, todo en extremo precario, y aún se sabe que el cura párroco, en 1949, celebraba misa en el pueblo. En 1960 sus tierras fueron expropiadas por el ICONA. Y de ahí la diáspora completa. Es muy difícil ya encontrar a nadie que se acuerde de ello, que lo apuntara. Todo se pierde en una nebulosa... todo queda vacío. Quien lo cuenta muy bien contado es Abraham Prieto en *"Serranía de Guadalajara..."*

De cifras cabe decir algo: En 1591 tenía 21 habitantes. En 1752 tenía 18 casas donde habitaban 16 vecinos. En 1827 (según el Miñano) tenía 19 vecinos con 106 habitantes... Poco después, el Madoz más lacónico, decía: 20 vecinos, 70 almas... Dentro de una economía rural de absoluta subsistencia, el pueblo fue perdiendo habitantes poco a poco. Entrado el siglo XX, la vida en la aldea continuaba como había sido siempre, sin concesiones a la modernidad. En la década de los años treinta apenas quedaban ya quince vecinos. Cada familia llevaba sus propias tierras y apacentaban tres o cuatro docenas de ovejas y cabras. Los niños eran bautizados en la iglesia de Sacedoncillo, inscritos en el registro civil de Muriel e iban a la escuela a Tamajón. Ese trasiego fue lo que más cansó a sus habitantes.

Del pueblo, que hoy visitan muchos ruteros porque es fácilmente alcanzable desde la carretera que va de Tamajón a Muriel, se ven ruinas de casas, de la iglesia, y poco más, adivinándose apenas el trazado, que está limitado al sureste por el arroyo de Sacedoncillo, y al noroeste por el antiguo camino de Tamajón. El centro del villorrio lo ocupaban los solares despejados de la pequeña Plaza de los Olivos, abierta por cuatro lados, y el campo de bolos,

junto a la iglesia de Santa María. Alrededor de este espacio se arraciman los mutilados derrumbes de las viviendas, de las que se pueden ver todavía sus estructuras: unas eran de pizarra y otras de piedra cuarcita mezclada con pizarra. Los campos anejos, del lado del arroyo, estaban ocupados por las cortes y zahurdas y por los corrales y majadas. En torno al arroyo se cultivaban pequeñas huertas. En total, la superficie edificada ocupaba poco más de una hectárea.

Su iglesia de la que quedan restos visibles y traducibles, fue de origen románico, construida con fuerte mampostería. De única nave tenía un atrio sobre la fachada del sur, y un ábside poligonal, mientras que de la nave quedan altos muros, alguno todavía con ventanales adornados de molduras, y la espadaña en lo alto del muro de poniente, con detalles en ladrillo que recuerdan lo mudéjar. El interior, solo nos deja imaginar su distribución. Porque todo se lo han llevado.

De Sacedoncillo no solo debo atestiguar su abandono y ruina, sino también el constante expolio que los viajeros que allí acuden practican como si se llevaran las reliquias de una sociedad apagada y remota. Algunas calles se esbozan entre los edificios, otras ya no son transitables, y las más son simples veredas.

Romerosa

HUBO UN LUGAR AL QUE PUSIERON DE NOMBRE el adjetivo que le cuadraba por el sitio en que estaba, lleno de romeros. Es lo bueno que tenía la repoblación castellana, que adjudicaba nombres a los lugares en función de su estructura, elementos de la naturaleza, incluso poéticos. A Romerosa (o "La Romerosa" como en escritos antiguos se le denominaba, le calcularon en 1582 17 vecinos (85 habitantes) y en 1787 63 habitantes. El diccionario de Madoz (1847) le adjudicaba 15 vecinos, 60 habitantes. En la Guerra Civil del siglo XX, este pueblo quedó en la línea del frente: al norte los nacionalistas con Moscardó, al sur los republicanos, y en medio ellos, sufriendo bombardeos, la Romerosa. Se fueron todos sus habitantes, y tras la Guerra Civil, y al construir Regiones Devastadas en buena parte Aleas, allí se quedaron unos a vivir, y otros en Arbancón.

Es muy fácil llegar a sus restos ruinosos. Un carril de tierra bien adaptado nos lleva tras dos kilómetros y medio de recorrido. Luego hay que cruzar a pie un leve vallejo y se arriba al pueblo. Se encuentra este en lugar estratégico, como en un otero rodeado de dos barranquillos, con su correspondiente arroyo cada uno: el Tejar, y la Romerosa. Desde muy lejos se ve, especialmente la iglesia, que hoy destaca en el entorno.

El lugar fue siempre pequeño, con una treintena de casas, y pequeños huertos en torno a los arroyos. Más lejos estaban los campos de cereal, y la ganadería, apenas de subsistencia, discurría entre los humanos. Edad Media en estado puro, con una calle única, que llevaba al templo parroquial, y dos cortos tramos (La Callejuela, y el Callejón de las Eras) que partían de él.

Quien visita estas ruinas hoy se fija especialmente en la iglesia, porque a pesar de su derrumbe progresivo aún se mantiene entera. Desprovista de cualquier elemento mueble, que se los llevó el tiempo, los meteoros y los buscadores de recuerdos aldeanos. El templo, que se acaba de poner a la venta, conserva enteros y altos sus muros exteriores. Solo le falta la techumbre,

pero la espadaña de poniente es poderosa, de origen románico, muy estética. Sobre el arco de la portada principal, una piedra tallada nos deja leer con nitidez: "IHS MARIA I JOPHSE FABRICOSE AÑO DE 1706", que es la fecha de alguna restauración consistente, porque el templo era más antiguo. Debió de tener un atrio protegiendo esa entrada, y quedan firmes aún los contrafuertes (dos al norte, dos al este) que sujetan sus muros. El suelo están cubierto de sillarejo amontonado que ha ido cayendo del remate de los muros, y el interior acumula el maderamen, las tejas y otros elementos de su cubrición, que ya no existe.

La Vereda

PLENAMENTE INCLUSO EN LO QUE ESTAMOS CLASIFICANDO como *"Guadala-jara vaciada"*, el lugar de La Vereda es uno de los más bonitos de ver. Hay que visitarlo con detenimiento, y disfrutar de su estado que está pasando, del abandono total, a la formación de un contexto habitado en días vacacionales pero que se está recuperando con las esencias arquitectónicas y populares que siempre tuvo. Y se está haciendo desde una perspectiva particular, con el buen criterio de quienes poseen sus edificios y a ratos los habitan. La Administración del Estado, ocupada casi en exclusiva en la tarea del voraz saqueo de los españoles a través del sistema de impuestos, no ha puesto un euro en la recuperación y salvaguarda de La Vereda.

Formaba parte del municipio de El Vado, junto con Matallana, y todo ello se vació cuando se terminó de construir el pantano del mismo nombre. Hacia 1970 marcharon sus últimos habitantes, hacia otros lugares más poblados, como Alcorcón, Alcobendas y San Sebastián de los Reyes. Sus términos fueron expropiados para que el Instituto de Conservación de la Naturaleza (ICONA) los reforestara con arbolado, cosa que solo se hizo a medias. La Naturaleza, en el abandono del monte, ha seguido su camino y hace su trabajo en silencio y con tranquilidad a lo largo de los años. Abandonados a su suerte, estos lugares fueron tutelados por el Colegio de Arquitectos, que los estudió, valoró e incluso hizo algunas reparaciones. Al menos, evitó su desaparición.

Después, en 1977, se constituyó la "Asociación Cultural La Vereda", consiguiendo enseguida la autorización del Icona (en periodos renovables de 10 años) para mantener edificios, restaurarlos y darles uso y valor. Un ejemplo de primera. Esta asociación rescató las técnicas originales de construcción, la distribución y mobiliario de sus viviendas, y los cultivos propios y usos tradicionales para devolverla, en lo posible, a la vida. Unos 30 propietarios constituyen este núcleo, que abarca a unas 150 personas en total. La ausencia de energía eléctrica y las complicadas comunicaciones hacen que solo puedan residir allí de manera estacional, pero continúan haciendo realidad esta empresa con su esfuerzo y trabajo. Algo después, en 1988, se constituyó la "Asociación de Hijos de La Vereda", solicitando entonces del Gobierno Re-

gional la concesión del término municipal, pero esto ha sido imposible, hasta el momento. El Estado, y sus gestores, tiene un concepto de la propiedad que no abarca formas más sutiles y modernas de contemplar –y habitar– la tierra en que vivimos.

Existe un lazo de unión entre todos quienes habitaron este pueblo, sus hijos y nietos, y simpatizantes. Al menos una vez al año acuden allí todos, celebran fiesta, ponen música y recuerdan a su patrón, San Pedro. Existe un blog titulado "La Vereda, Matallana y El Vado" (*hijosdelavereda.blogspot.com*) en el que se recogen aspectos de su historia, de las familias, de la Guerra, de la geografía y las costumbres, de la arquitectura popular, que es toda de la categoría "negra" por la pizarra con que está hecha, y de la cultura tradicional. Minucioso en el recuerdo, en el análisis y alentador para que La Vereda siga existiendo, en el silencio del vacío, con una fuerza distinta y actual.

Matallana

Lejos hoy de cualquier sitio, Matallana es una aldea habitualmente vacía, aunque siempre que se sube a ella se encuentra uno con alguien: un viajero, un rutero, un nieto de los primitivos habitantes, que va a rumiar el bocatín de la nostalgia.

Matallana es uno de esos lugares al que le cabe plenamente el calificativo de "pueblo negro" porque está hecho todo él con pizarras de diversos tonos. Lo que queda, porque fue abandonada en los años sesenta del siglo XX, cuando el ICONA lo adquirió por expropiación a sus habitantes, con objeto de destruirla y plantar en su lugar bosques nuevos, y anegar una parte de su espacio con las aguas de un proyectado embalse sobre el río Jarama, que pasa por el término.

Había sido aldea del antiguo Concejo de El Vado, y hoy pertenece al municipio de Campillo de Ranas, formando un conjunto urbano típico de la arquitectura negra, dado que la gente ha ido recuperando las casas del lugar, reconstruyéndolas como antaño. Tras su abandono, y la no reforestación del término, fue *okupada* por románticos hippies, pasando a ser propiedad y administrada por la Junta de Comunidades de Castilla-La Mancha. En 1988 se la alquiló al Colegio de Arquitectos, que planificó una restauración que no se llevó a cabo, pero que sí dio para que dos ilustres miembros de ese colectivo, concretamente Tomás Nieto Taberné y Miguel Ángel Embid García, escribieran un libro que publicó el Colegio, con el estudio de su conjunto urbano y de sus edificios, uno por uno y con fotografías interesantes. Por ejemplo (y son antológicas) las que hizo el único testigo de la salida de sus últimos habitantes, Francisco García Marquina.

Hacia 1990 la Junta concedió por licitación a la *Asociación Cultural La Vereda* el aprovechamiento de los pastos y cultivos, así como el uso y disfrute para tales fines de los edificios y terrenos adyacentes al pueblo de La Vereda, entre los que se incluía Matallana. Tiene una ermita dedicada a San Juan, y dos puentes, uno uniendo el pueblo con Roblelacasa y otro a Colmenar de la Sierra. Está comunicada a través de una pista forestal con Colmenar de la Sierra.

Cuando hoy se llega sorprende la cantidad que aún queda de edificios netamente representativos de la *arquitectura negra*. Y entre ellos destacan la vieja iglesia

parroquial, ya vacía de objetos litúrgicos, pero que impregna de sabor centenario el conjunto del lugar, agreste y perdido entre los riscos de la Sierra de Ayllón. En el prólogo del libro que estudió [y salvó un tanto] a Matallana, Carlos Flores dice que "el hombre que construyó la arquitectura popular ha desaparecido del panorama social no solo por razones demográficas sino además por transformaciones socioeconómicas y de posición mental de este hombre popular ante *la vida*. Y los autores, con una retranca muy alcarreña se dirigen en la introducción a la hipotética autoridad que ha propiciado el desmán de su desmantelamiento *"suplicando ingenuamente a su benignidad y hombría de honor se encargue de dictar las órdenes oportunas para que presta y prolixamente se den cumplida cuenta de estos afanes de estudio y preservación de estos edificios, más ahora amenazados por caótico y moderno Diluvio"*.

Es evidente, al visitar los restos de Matallana, que nadie se ocupó de volverle a la vida. Hoy está en silencio y abandonado, aunque muy a menudo alguien [un viajero, un turista, un rutero o algún bisnieto de quienes allí vivieron] se acerque y mire, haga fotografías o, como Monés Pons, un dibujo compasivo.

Aldeanueva de Atienza

VEO AHORA ALDEANUEVA Y CASI NO LO RECONOZCO. Porque la primera vez que lo vi, hacia 1970, estaba compuesto por entero de edificios de piedra negruzca, de muros recios de piedra gneis y oscuras cuarcitas, y los tejados, eran todos uniformemente compuestos de lajas anchas de pizarra. El aspecto de Aldeanueva, entonces, era de un auténtico "pueblo negro". Tal como lo demuestra en su dibujo adjunto Isidre Monés, que ha sabido ver, con su retina de inacabable agudeza, la esencia de ese lugar de la alta Sierra Norte guadalajareña.

Hoy sigue habitado, pero muy escasamente. No llegan a treinta sus vecinos. Todavía recuerdan, unos y otros, los buenos tiempos. Cuando los mozos, en Carnaval, se vestían de trapos y se encajaban en la cabeza los cuernos, en los hombros las amugas y por todas partes los cascabeles. Cuando las mozas, por la Cruz de Mayo y antes, por la Cuaresma, cantaban sonoras y alegres por todas las esquinas. Hoy se llega bien a Aldeanueva desde la capital de la provincia, por Cogolludo y luego, desde Veguillas, por la GU-157. No más de una hora y estamos allí, viendo su ancho plazal, sus edificios consistentes pero renovados, sus tejados de teja gris cerámica, en un remedo desafortunado de lo que fue la arquitectura singular de Aldeanueva.

Su historia es mínima, y algunos recuerdan que fueron sus señores los todopoderosos Mendozas, aunque lo más lejos que alcanzan las memorias de los viejos es la Guerra Civil, y cómo unos locos quemaron la iglesia por dentro, y luego se reconstruyó el retablo por un carpintero del pueblo al que le había enseñado el oficio, deprisa y corriendo, un peregrino misionero. Hoy luce el templo con un mural que ha pintado Julianín, hombre de cinematógrafos, y andan felices –los que allí viven de asiento, y los que vienen los fines de semana– charlando en la plaza y andando por las veredas que rodean al pueblo, donde abunda todo tipo de flora [mediterránea] y fauna [volátil, terrestre y acuática]. Y así vénse bosques de robles (que me alucinan en otoño, ya noviembre entrado) con su color pardo de solemnidad aristocrática, de pinos silvestres, de repoblación, y las gayubas, con un sotobosque denso de brezos, helechos y zarzamoras, encontrando a cientos los boletus por los prados mí-

nimos. O nos sirve naturaleza el espectáculo de ver arriba los buitres leonados, en las aguas saltar la trucha y por los montes trepar corzos y algún gamo.

Desde los alto vigilan el hondo valle por donde discurre el río Pelagallinas los picos de la Hirita, del Molondrón y San Cristóbal, y entre la Peñota y la Solanilla se desbordan los recuerdos de paseos y admiraciones.

A la curiosidad por ver cómo se ha transformado el pueblo, el viajero añade el interés por encontrar algún viejo ejemplo de arquitectura negra, de la que todavía se puede encontrar, y fotografiarlo para que quede constancia de ese existencia.

Es hoy Aldeanueva de Atienza un EATIM (Entidad de Ámbito Territorial Inferior al Municipio) de Condemios de Arriba. Siempre fue un lugar que, se sabe, repobló Castilla con ganaderos de altura, pero desde 1986 tiene este otro tratamiento, que suele ser el preludio del abandono completo.

Villacadima

Integrado en el municipio de Cantalojas, hoy se considera despoblado y así se suma al contingente de pueblos de la *"Guadalajara vaciada"* con todos los pronunciamientos necesarios, de los que el imprescindible es no tener ningún vecino censado. Según el INE, en 2008 tenía 2, un matrimonio anciano. Hoy ninguno ya, aunque, eso sí, bastantes de sus casas han sido reconstruidas, y ahora sirven como segunda residencia de los hijos y nietos de quienes lo habitaron como pueblo.

Villacadima, que tiene un sonoro apelativo que evoca juglarescas danzas, viene a significar "villa antigua" pues de recia andadura es calificada por el hermoso vocablo árabe.

Como en invierno hace mucho frío, y los campos del entorno (que se elevan a una altura media de 1.300 metros) aparecen cubiertos de nieve y de hielos varios meses al año, la estampa de Villacadima, en la lontananza, es fácil de conseguir: sus mimetizadas construcciones, que rodean a la torre del templo dedicado a San Pedro, parecen sobrevivir en una bandeja de plata. Está en la caída meridional de la Sierra Pela, que divide por estos lares a las dos Castillas (la Vieja y la Nueva) y se dice que perteneció siempre al Común de Villa y Tierra de Ayllón, corazón de las frías tierras donde se dio bien la ganadería de vacuno. Hoy el término está invadido de molinos generadores de electricidad a expensas del ruidoso girar de sus aspas metálicas, que siguen amedrentando a la pajarería, cada vez más escasa por ello, del entorno.

Tenía Villacadima un buen conjunto de casas con corrales, construido todo en fuerte sillarejo, en cuyos dinteles y esquinas se labraban escudetes y símbolos entre mágicos y religiosos. Sin embargo, y a más de una gran fuente escalonada que a las afueras tirita, lo más destacable de este lugar en el extremo noroeste de la provincia es su iglesia, que por su calidad de estilo (románico) fue en 1965 declarada Monumento Nacional. Y por ese calificativo le ha llegado, tras la progresiva ruina de su abandono, una restauración muy concienzuda y bien hecha, que la ha dejado pintada con todos los honores como uno de los monumentos más singulares de lo que hoy se denomina "románico de Sierra Pela", que muestra varios ejemplares en las vertientes de esta montaña, en las provincias de Segovia, Soria y Guadalajara, que por aquí juntan sus límites.

Del templo de Villacadima cabe decir que se rodea por el sur con un salón o prado delimitado de barbacana de piedra, y un ingreso a poniente que consta de arco semicircular entre jambas y rematado en cruz. Sobre el muro de poniente de la iglesia se alza la espadaña, obra reformada en el siglo XVI, así como la torre. Lo más antiguo e interesante es la portada, que consta de varias arquivoltas semicirculares en degradación, incluidas en un cuerpo saliente. Hay en total cuatro arquivoltas; la más externa muestra decoración geométrica en zig-zag. Estas arquivoltas cargan sobre una imposta de decoración también geométrica, que a su vez apoya sobre tres columnas a cada lado, cada una coronada con su respectivo capitel de sencilla ornamentación vegetal. El interior de este arco lo forma el semicircular dintel, realizado a base de curiosas dovelas con dentellones, cada una albergando un tallado adorno vegetal. Carga este dintel sobre sendas jambas estriadas que dan paso a la puerta, y en su remate superior se prolongan hacia el vano, de modo que confieren al conjunto de la portada un cierto aire de arco en herradura. Por el abandono del pueblo, el templo quedó sin techumbre, y con las puertas abiertas. Profanadas las tumbas, llegué a ver los costillares rampando sobre el pavimento. Menos mal que en 1990 el Estado tomó cartas en el asunto y el templo de San Pedro se restauró. Eso es lo que ha quedado en pie, y válido, a pesar de formar Villacadima en esta hueste de la Guadalajara vaciada.

Alpedrete de la Sierra

Es Alpedrete otro lugar, que aun manteniendo una población [mínima] de una docena de habitantes residentes, se resiste a la desaparición por un par de causas: la de reconstrucción de casas antiguas como segunda residencia, y la de cierta proximidad con la Comunidad de Madrid, por donde congrega visitantes en fines de semana, y un interés de mera curiosidad en cuantos hasta allí llegan.

Hoy es una pedanía del municipio de Valdepeñas de la Sierra, y se encuentra en unas lomas que median entre los cauces del Jarama y el Lozoya. Cerca se alza el cordal del pico Centenera, y aún por las inmediaciones se oye el rumor del agua embalsada en el Pontón de la Oliva, uno de los pantanos (para dar agua a Madrid) más antiguos de España.

El pueblo se divide como en dos zonas: la más al norte conserva edificios antiguos, en los que predomina la piedra caliza, el gneis a veces, y la pizarra en los tejados, más entramados de madera, con un tono de antigüedad y severidad muy dignas, aunque en franco declive. Y otra más al sur en la que viven los escasos habitantes que quedan, y que tiene un aspecto rutinario y fácil, con muros encalados y techumbres de teja árabe en tonos rojos. Una mezcla extraña, pero que mantiene una vejez honrosa en su conjunto, y sirve para definir esa otra Guadalajara que todavía no, pero a punto está de ser declarada como vaciada.

Después de la Guerra se hizo una intensa repoblación forestal del término, pero la despoblación general de la zona propició que no se intensificara. Además, buena parte del término quedó incluida en la Reserva Nacional de Caza del Sonsaz. Son aires anchos, propicios hoy para el paseo, el atisbo de animales, la meditación sobre lo que pudo ser esta provincia, y lo que ha llegado a ser, vacía en su inmensa mayoría, aunque nos den ahora la noticia (enero de 2024) de que ha aumentado en población.

En los años setenta del siglo XX visité el lugar y charlé con sus vecinos y vecinas. Una de ellas (anciana de 60 años con pelo blanco brillante, sayas y blusa negra, pañolón oscuro a la cabeza, y medias gruesas de lana protegidas

al suelo por abarcas de lona oscura) tenía un entusiasmo por su pueblo digno de mejor causa. Siempre con las ovejas arriba y abajo, y las novenas y procesiones, como un mantra. Todo clavado en el suelo. Saliendo de esa casa de piedra oscura, albageados los dinteles, y con la distribución propia de la Edad Media más solemne: el portalón que da paso a la cocina, eje del hogar, los almacenes al fondo, y arriba las alcobas, solamente dos, para el matrimonio y para los chicos.

Aparte de los escasos vecinos que en todo dependen de Valdepeñas, de Uceda, y aún de Torrelaguna y más de Alcalá que de Guadalajara, por allí se ven hoy montañeros y ruteros que van a visitar las famosas Cárcavas del término, unos espacios arcillosos en los que las aguas de siglos han tallado profundos barrancos de tono rojizo, que a algunos les recuerdan (la imaginación que no falte) al Cañón del Río Colorado en los USA. En todo caso, un lugar en declive, que tengo que añadir en esta nómina de vacíos.

Hijes

Aquí se llega, no se pasa simplemente. Y al llegar puede estar todo muy tranquilo, sin nadie a la vista. Porque de los 18 vecinos que quedan censados, la mitad está en el médico (Sigüenza, o Guadalajara) o en casa de los hijos, a pasar el fin de semana. A este lugar de la Guadalajara vaciada, al que ya canté en libro anterior, por su plazuela desaparecida, siempre vuelvo, y hasta me entretengo mirando su plaza, su iglesia, el cerro que le cobija.

Y de lo que veo, aparte del estilo románico de su parroquia de la Natividad, de sus canecillos y capiteles antropomorfos, me quedo con esa arquitectura popular de recia envergadura, de solemnes volúmenes, de talladas rocas areniscas que impregnan de rojo y morado el ambiente. Como un cardenal, como una herida. En ese conjunto que a trancas y barrancas sobrevive, me llaman la atención dos cosas: el conjunto de esgrafiados que aún pululan por las frentes de los edificios, evocando poderes supremos, frases y nombres propios, fechas… y un abrigo que a base de piedra seca sirve de abierto portal a una casa. En el que se ha fijado Monés para hacer su dibujo.

De la arquitectura popular que, siglo a siglo, se fue haciendo en España, ha heredado este lugar muchas formas, pero todas se han ido perdiendo, por derribo o reforma. Aquellas grandes construcciones con piedra tallada del entorno (que aquí es netamente rodena) o sus apoyos y consistencias en madera, más las cubriciones de teja y amasijos de ramas, todo se ha ido difuminando.

De Hijes puedo seguir diciendo que está en tierra antigua de Celtiberia, y que en este lugar ya casi vacío se nota una fuerza especial en las construcciones, que son de piedra tallada en las esquinas y aparejo denso en los muros, con entramados de madera que arriba se rellenaban de adobe dejando pequeños ventanucos para el oreo, pero cerrando al máximo todo para evitar el frío. Las fachadas, revocadas de yeso, se ornaban luego de dibujos, grabados con punzón representando animalillos, frases ingenuas y complejas estrellas de la vida, amuletos seguros contra el rayo, el granizo y la ventolera desgraciada.

Sobre el vano de la puerta, de baja altura porque nadie era alto en demasía, un buen maderón pulido o incluso, los ricos, una enorme piedra tallada en su centro con las iniciales de Jesús Cristo, con la rueda de la fortuna o el gallo y la herramienta de la que comieron todos. En las ventanas de los más pudientes, la reja fraguada en los yunques atencinos o molineses, con minucia compuesto el entramado y los afilados remates donde se posaban las zuritas.

Todo era humano y hecho a mano. Esa herramienta sublime que diferencia a los hombres del resto de los animales, esa maquinaria móvil de cinco dedos y esa doble potencia gobernada por la mente inteligente y sagaz, era capaz de hacer cualquier cosa necesaria para la supervivencia. Entre las calles de Hijes, y las cuevas de su arroyo Pajares, encuentro todavía ecos de un ayer poblado y denso, hoy ya vacío, anémico y olvidado.

Morenglos, por Alcolea

JUNTO A ALCOLEA DE LAS PEÑAS SE ENCUENTRA EL DESPOBLADO DE MORENGLOS. Cualquiera que pase por la carretera CM-101, verá muy cerca un torreón, (una espadaña) cuyo desmoche canta el abandono. Morenglos fue un pueblo, hasta no hace mucho. Y de él solo queda la ruina de la románica espadaña de su iglesia, y algunos restos curiosos que merecen verse, porque cantan una historia larga. Desde 1269 hay referencias de este lugar, que nació junto a un asentamiento eremítico en época visigoda. Posiblemente aquí en Morenglos se da completo el ciclo de desarrollo poblacional medieval, sobre asentamiento celtíbero o incluso neolítico original. Una larga historia que no debe callarse.

Tras la disolución del mundo hispano-romano con tradición animista celtíbera, y la llegada de los visigodos con su cristianismo de corte arriano, el lugar es tomado por algunos solitarios como espacio de retiro, cavando la roca en varios lugares, convirtiendo aquello en un cenobio en el que varios ascetas residían en un entorno agrícola, manteniendo un pequeño santuario al que las gentes del entorno veneraban.

Sobre ese lugar, tras los años oscuros del dominio islámico, y por tradición del sustrato poblacional tradicional, se levantó un poblado en el siglo XII al que le pusieron iglesia sobre el promontorio rocoso, pero manteniendo, con tradiciones seculares, la devoción a la cueva. El pueblo de Morenglos estuvo vivo hasta el siglo XIX, en que fue abandonado por sus pobladores para ir a la villa cercana de Alcolea de las Peñas, llevando los materiales del templo para construir viviendas en el lugar cercano. En el catastro del marqués de la Ensenada (mediados del siglo XVIII) y en el Diccionario de Sebastián Miñano (1827) todavía se da a Morenglos vivo y con habitantes.

En el conjunto rupestre de Morenglos, destaca la zona sobre la peña, viéndose una gran espadaña de remate triangular y grueso muro, único testigo de la iglesia y su poblado medieval. Se aprecia aún la planta, especialmente en fotografías aéreas, pero es curioso que no haya quedado piedra amontonada de su derrumbe. La tradición dice que esa piedra se usó para construir la iglesia

de San Juan del Mercado en Atienza, aunque parece que lo más probable es que se utilizara en la construcción de viviendas en los pueblos colindantes, Tordelrábano y Alcolea de las Peñas. En el espacio de la roca al mediodía del templo, aparece una necrópolis con varias tumbas excavadas en el duro suelo. Muchas de estas tumbas tienen los bordes rehundidos para poder aplicar una losa, ya perdida. La época de este cementerio es sin duda medieval, entre los siglos XI al XIV.

Allí vivía "el santo", en una cueva al pie del promontorio, y allí iban a escucharle las gentes del contorno. Siglos de devoción y de vida, siglos ahora silenciados.

En el municipio del que depende Morenglos, Alcolea de las Peñas, queda también por visitar otra cueva importante, a la que algunos calificaron de Prisión medieval, que podría ser verdad, pero que sin duda fue anterior, con un cometido de celdas eremíticas que pintaban a las claras los modos y maneras de aislarse los benditos en época visigoda, dejando espacio para la oración, para el sueño y para el enterramiento de sus admirados predecesores.

Miedes de Atienza

Aunque Miedes, que fue lugar pasajero, por el que entró el Cid Campeador, en su viaje de Burgos a Valencia, todavía sigue vivo, con panadería, bar y fiestas de lustre, más un verano movido y cultural, no puede faltar en esta crónica de los vaciamientos, porque en su término se encuentran lugares, piezas y elementos que dan fe de la habitación antigua: cuevas, petroglifos, y yacimientos. Está Miedes en lo más septentrional de la provincia, a los pies de unos cerros que coforman parte de la Sierra Pela. Un camino zigzagueante comunica el llano donde está el pueblo, a través del llamado puerto de la Carrascosa, con la pelada meseta soriana de Retortillo. Por ese camino, de fácil acceso entre ambas Castillas, dice el Cantar que pasó el Cid cuando desde Burgos, en exilio forzoso, caminaba hacia Levante. Es ese un camino que fue siempre muy transitado, y por el que discurre el hoy recuperado *"Camino de la Lana"* o camino santiaguista que llevaba peregrinos desde las orillas del Mediterráneo hasta Burgos y de allí a Compostela.

Pero de Miedes me interesa sobre todo ese conjunto de espacios que han quedado, solitarios y mudos, en medio de sus campos, como huellas de antiguos tiempos y elocuentes espacios litúrgicos, poblacionales, mágicos quizás, cargados de magnetismo.

Por eso me fijo ahora en la Cueva y Santuario de Santa María de la Puente. Al sur del término, cerca del de Cañamares, en colina aislada y venteada, con vistas al arroyo Pajares, se alza la ermita (perfectamente conservada, edificio del siglo XVIII) de Santa María de la Puente. Y ante ella se ven los restos de un antiguo poblado, que surgió, posiblemente, en época neolítica, y que ha ido teniendo uso en épocas sucesivas, primero como breve castro, luego como centro religioso, y al fin como poblado medieval. En el costado de levante de la ermita, en la falda que escurre desde su altura, aparece un gran macizo de roca arenisca que ha sido tratado por el hombre de múltiples maneras. Por ejemplo, en su superficie, irregular, se aprecian tallas de la roca como para dar límites a espacios que estarían construidos. Y de la roca que sobresale, tallada de diversos modos, se vislumbran mechinales en lo alto, como si de ella hubieran dependido en su día construcciones de madera adheridas.

La cueva que nos convoca, junto a estos restos, tiene un gran acceso tallado por el costado sur, que da paso a un espacio que podríamos decir "redondo", y en cuyo término se talla una especie de altar o escalón que permite ascender a una especie de patio que es a su vez atrio de otra roca tallada con bancos en la base, hornacinas a media altura, y, en todos los lugares, cruces talladas, como "de calvario" con bases triangulares sustentándolas.

El espacio es claramente ritual. Si hubo en su torno, en aquel cerro de la ermita, como todos los indicios hacen creer, un poblado medieval, con seguridad que se hizo sobre un asentamiento previo celtibérico, y también romano porque se han encontrado restos arqueológicos en el valle.

Bajo el acceso a la ermita, existe otra cueva de boca muy estrecha, aunque se debe a su colmatación, y según dicen en el pueblo cruza toda la roca y comunica con una cripta de la ermita...

Es muy difícil datar con exactitud el lugar, puesto que solo quedan peñascos tallados, pero no cuesta trabajo creer que tuvieran su auge poblacional entre los siglos VI al IX de nuestra Era, pues en esos siglos de dominio visigodo, fueron muy abundantes los espacios poblados, con cuevas rituales y eremíticas en su entorno, por los altos valles de la Serranía de Atienza. El lugar es merecedor de atención, de señalización y de cuidados para que no se vandalice. Y por eso lo quiero incluir en este catálogo de la Guadalajara vaciada, "para que conste".

Atienza

DE ATIENZA GUARDO UN BUEN RECUERDO. El mejor, la vista que se tiene de la villa al llegar, desde el alto de Cantaperdiz. Esa vista es de las más bonitas que pueden tenerse en Castilla: una sucesión de colinas pardas y secas, dejando que en su centro se eleve una poderosa eminencia rocosa, que se ocupa por los restos de un antiguo castillo, mientras que por los costados del cerro se derraman las murallas, los portones, las iglesias románicas, los campanarios… sería un lujo poder volver a contemplar Atienza, una y mil veces, siempre por primera.

La villa fue siempre de realengo, y en la plena Edad Media alcanzó a tener tres cintos de murallas en torno a la fortaleza. Catorce parroquias, y muchos miles de habitantes. En ella residían y tenían sus núcleos principales los arrieros atencinos, los recueros o gentes dedicadas al transporte de mercaderías por todo el país. Un emporio, de riqueza, de saberes, de lujos villanos, y de devociones.

Hoy Atienza, que está entera declarada Conjunto Histórico Artístico desde 1962, está venida a menos en muchas cosas. Solo medio millar de habitantes le quedan. Mantiene un ritmo de fin de semana gracias al turismo admirativo, ese que se planta en el aparcamiento y sube trepando las cuestudas callejas, admirando plazas, fotografiando portadas románicas, maravillándose de sus diversos museos. Pero detrás ya nada queda. Ya no hay juzgado, ni notario, ni registrador de la propiedad. Entre semana el silencio es sobrecogedor.

Pero pongo esta población en este catálogo, porque a pesar de su riqueza monumental, aún hay cosas que están en el peligro cierto de venirse al suelo. Y una de ellas es este ábside de San Francisco, que Isidre Monés ha dibujado.

Los franciscanos llegaron al son de los dineros. Pusieron su convento junto al camino de entrada, fuera de las murallas. Y alcanzaron a ser ricos, al menos en tierras, casas y censos. En 1264 ya tenían edificio y templo, y a finales del siglo XIV, siendo señora de la villa doña Catalina de Lancaster, esposa de Enrique III, se iniciaron las obras, por ella sufragadas, de una nueva iglesia, en arquitectónico estilo gótico. El asentamiento del convento estaba en la cuesta meridional del cerro atencino. Pero la enfermedad de la reina (una hemiplejia por hemorragia cerebral que la dejó inútil y desvariada) dejó al convento franciscano sin apoyo y con las obras paralizadas.

La Guerra de la Independencia acabó con esta institución. En 1811 huyeron los frailes, tras el ataque que el General Duvernet hizo a 7 de enero devastando

la villa y sus defensas, y ensañándose especialmente con los edificios religiosos. Desde entonces quedó todo en ruina y destrozado, y sobre el solar que ocupó la iglesia se edificó un almacén de granos, y en su torno unos edificios de viviendas. De todo ello solamente queda en pie el ábside del templo conventual. Es de un estilo gótico inglés muy puro, y en su ábside se abren cuatro altos y estrechos ventanales, de arco muy apuntado, con arquivoltas que en dos niveles apoyan al interior sobre ménsulas de ornamentación vegetal, y al exterior lo mismo, separados por contrafuertes de elevada silueta.

Pinilla de Jadraque

DE LOS MONASTERIOS CISTERCIENSES, FUNDADOS EN LA EDAD MEDIA, que quedan por tierras de Guadalajara, quizás ninguno sea tan remoto y desconocido como este de San Salvador de Pinilla, semiderruído y perdido entre bosquecillos de encinas, al final de un pedregoso y polvoriento camino que sale de Pinilla de Jadraque y viene a morir entre los paredones semiocultos por la vegetación de este antiquísimo cenobio. Aunque su interés arquitectónico y artístico sea mínimo, y las páginas de su historia anden escasas de fotos y lugares de nota, el hecho sólo de haber existido, más lo remoto de su asiento y existencia, son razones suficientes para que aquí aparezca reseñado, entre los hitos de esta Guadalajara vaciada que en Pinilla toma aliento de historias.

La villa de Pinilla, que además tiene una espectacular iglesia románica con atrio porticado y gran espadaña de cuatro vanos, está lejos, y aun se mantiene viva. Pero este lugar de San Salvador, en su término, nos pide atención y en sus ruinas se ha fijado Monés Pons para expresar el silencio del monacato antiguo.

Fueron unos ricos hacendados atencinos, burgueses quizás encumbrados a la abundancia del dinero por el camino de la arriería, quienes a comienzos del siglo XIII fundaron en este lugar un monasterio de monjas cistercienses. Lo hicieron *in honoris et nomine Sancto Salvatoris*, sobre una propiedad muy amplia que tenían, -llamada *Sothiel de Hacham*- en la orilla derecha del valle del río Cañamares. Fueron los fundadores don Rodrigo Fernández de Atienza, su mujer doña María, su hermano don Martín Fernández y otros próximos familiares. Este monasterio fue inaugurado el 17 de junio de 1218, siendo su primer abadesa doña Urraca Fernández y priora su hermana doña Mayor, muy probablemente también perteneciente a la familia fundadora, y, en todo caso, adineradas, pues en 1228 donaron a su monasterio una serie de tierras en término de Argecilla y Valdearenas, que de sus padres acababan de heredar.

Una historia lineal de rezos y estudios siguieron estas dueñas, que al final decidieron salir de aquella espesura y en 1572 se trasladaron a un nuevo convento en Almonacid de Zorita, de donde poco más tarde emigrarían a Madrid, donde pusieron casa de Calatravas en la calle de Alcalá.

Lo que hoy queda es mínimo y va a menos, y deprisa. Al abandono de los pueblos y de las tierras, se suma ahora el de los monasterios. De lo que fue cuadrado recinto monacal, quedan hoy solo tres de sus lados. En el costado de levante aparece la masa alargada de su iglesia, que es de estilo románico, denotado tan sólo por su planta, su estructura, y el sencillo ábside semicircular, decorado

en su cornisa por algunos canecillos antropomorfos, y un haz de columnas recias adosadas al muro septentrional del templo, que está construido en sencilla mampostería con sillares tan sólo en las esquinas.

Hacia el norte, la iglesia se prolonga con una nave que tuerce y continúa formando el ala noroeste del convento, por donde tenía la entrada. De esa portada solemne, que yo ví entera adornada de un escudo imperial y dos medallones de santos monjes, solo queda el arco y un muro derruido. Los elementos que anunciaban su reforma en 1515 y las devociones del lugar han desaparecido. El escudo con el águila bicéfala se muestra hoy en el Museo Provincial de Guadalajara.

Del muro del oeste no queda nada, y en el del sur aparecen todavía, en su parte interna, unas derruidas edificaciones en las que aparece el doble arco que servía de entrada a la sala capitular, que se encuentra mediado por grueso y muy sencillo capitel románico, que posiblemente fue tallado en forma de hojas de acanto pero que hoy solo ofrece una inexpresiva forma cónica invertida. También en ese costado queda, tapiada y semioculta por los escombros, una pequeña puerta de arco apuntado. Si en aquel lugar alguien hiciera unas excavaciones arqueológicas, a buen seguro que aparecerían interesantes elementos: capiteles, columnas, ¿quien sabe? Y si se planteara su recuperación, su dignificación, su rescate, tendríamos oportunidad de parar, un tanto, este vaciamiento incesante. Pero lo veo difícil...

Bonaval, por Retiendas

JUNTO A LAS AGUAS, ESCASAS AHORA, DEL RÍO JARAMA, se alzan las ruinas del monasterio cisterciense de Bonaval. En término de Retiendas, el pueblo está aguas arriba, bien arreglado y en mantenimiento, pero el monasterio que le dio vida se acaba, poco a poco, a pesar de haber recibido recientemente algún aliento de restauración y limpieza. Más bien de freno a su deterioro, que venía ocurriendo desde principios del siglo XIX, cuando los monjes lo dejaron abandonado.

El nombre de este monasterio alude claramente al entorno geográfico en que asienta: un breve y estrecho valle, encajonado entre las altas sierras que se desgajan hacia el Sur desde el macizo central de la Somosierra.

Puede señalarse la fecha concreta de 1164 como la de fundación de este cenobio. En ese año, el rey Alfonso VIII de Castilla, muy aficionado a la naciente Orden monacal de San Bernardo, concedió aquel buen valle a unos pocos monjes cistercienses, a los que ponía como condición que lo habitasen *velut precarium* (como de prestado) y que en ese lugar cumplieran con la doble misión que estos monasterios medievales tenían en la estrategia políticomilitar de los reyes castellanos: la de repoblar su entorno, y servir de barrera en caso de una, ya improbable, nueva invasión agarena. Don Nuño Abad y algunos monjes iniciaron la andadura de siglos de este lugar, que con la Desamortización quedó vaciado.

Hoy vemos sus ruinas como muy expresivas de la arquitectura de esta orden monacal en la Edad Media, y a pesar de su lamentable estado de ruina y abandono, merece la pena realizar, incluso a pie, desde Retiendas, el viaje que permite contemplarlas en todo su sabor. Son este conjunto de edificios, la iglesia gótica, y los paramentos del cenobio, los que expresan esta decadencia –un tanto romántica siempre– del conjunto.

El templo de Bonaval es un ejemplar arquitectónico con planta de curiosa distribución, de tres naves, y dos tramos solamente en cada una de ellas. Primitivamente debió tener tres tramos, pero un derrumbamiento y el aprovechamiento del espacio del tramo de los pies para construir en él parte del convento, la dejó reducida a lo que hoy se ve.

La cabecera es triple, como corresponde a un monasterio masculino, construida con piedra caliza blanquecina, y ofrece pureza en las líneas y riqueza en la ornamentación de los capiteles. La portada meridional, y principal, es de arco

apuntado, muy abocinada, teniendo su hueco por escolta cuatro columnas a cada lado, coronadas de capiteles de decoración vegetal, de los que parten las arquivoltas molduradas, cobijadas todas ellas por una cinta externa de puntas de diamante. Sobre el cuerpo de la puerta se alza, grandioso, un ventanal que en funciones de rosetón iluminaba el primer tramo de templo. Se ha consolidado recientemente el templo, y se ha vallado, lo que además de su aislamiento tradicional, lo aleja aún más de las visitas, por evitar los vandalismos… en fin: ese es el destino, al parecer, de las cosas bellas. Se pierden, se arruinan, y cuando se trata de salvarlas, se las aísla y aleja.

Matas

Cuando hacemos el camino entre Sigüenza y Atienza, a poco de salir de la Ciudad Mitrada, en los cerros de la derecha del camino, entre Pozancos y Riosalido, aparecen las ruinas de un pueblo que tuvo vida hasta finales del siglo XX. Como siempre formó parte del ducado de Medinaceli, se le denominó oficialmente Matas del Ducado. Vivía la gente, la poca que siempre lo habitó, en cómoda concordia con la naturaleza. Disponemos de pocos datos sobre este pueblo, pero sabemos que mantuvo casas abiertas, y gentes viviendo en ellas, hasta 1975. Concretamente fueron los hermanos Lozano Juanas (Eduardo y María) lo últimos en marcharse.

En el Nomenclator del Obispado de Sigüenza, de 1886, aparecen algunos datos que dan a Mata la patente de lugar vivo con estas frases: *"Pequeño pueblo de la provincia de Guadalajara, correspondiente al ayuntamiento de Pozancos, situado en la pendiente de un cerro, con exposición al Sur disfrutando clima sano, pero frío. Tiene una Iglesia parroquial rural de segunda clase, dedicada a la Natividad de Nuestra Señora con el anejo de Ures. Confina el término con los de Riosalido, Ures, Palazuelos, Pozancos y Bujalcayado. El terreno, que participa de quebrado y vega, es peñascal el primero, y la segunda de mediana calidad: posee una fuente de aguas gruesas, una dehesa llamada Martinezga, y produce todo él granos, legumbres y pastos para la ganadería. Dista doce leguas de Guadalajara; una de Sigüenza, su audiencia de inscripción, su partido judicial, su arciprestazgo y centro de Conferencias".*

Quien mejores datos nos ha aportado hasta ahora sobre Matas es Faustino Calderón, que vuelca en las páginas del libro *"Serranía de Guadalajara: despoblados, expoliados y abandonados"* todos los datos que pudo conseguir sobre este lugarejo al que solo le cabe el calificativo de "abandonado", porque nadie forzó a sus habitantes a marcharse. Simplemente, se fueron. Atraidos por las mejores condiciones de vida en las ciudades, al reclamo brillante de ese urbanitismo que hoy es el que impera.

Y dice Calderón que en Matas era festivo el 15 de mayo, San Isidro, cuando hacían la bendición de los campos, y el 8 de septiembre, celebrando la Natividad de la Virgen, que era la advocación del templo parroquial. Un templo que hoy se mantiene en pie, casi entero (a falta de la cubierta) pero con su portada de evocaciones románicas al sur, su gran espadaña triangular

MATAS, LA CASA DEL TÍO FELIPE
Según fotografía de
FAUSTINO CALDERÓN

a poniente, y en el entorno todavía palpables las calles, los edificios entre los que se distinguen el que fue ayuntamiento, lo que fue la escuela, el horno de pan comunitario, algunos palomares, y muchas viviendas de recio sillarejo, con dinteles de pro, y aires ducales.

La vida era sencilla y queda el recuerdo de don Celestino cuando subía desde Palazuelos a decir la misa dominical (solo una vez al mes), de don Medardo el médico que también venía de Palazuelos, mientras que el cartero (primero en caballo y luego en bicicleta) llegaba desde Sigüenza. Allí alcanzaban a subir, de vez en cuando, los vendedores ambulantes que desde Sigüenza, Riosalido y aún desde Jadraque, llevaban a Matas sus velas, su bacalao salado, sus mantas zamoranas, y las aceitunas…

Parece ser que aun en 2011 se le pasó a alguien por la cabeza adquirir el pueblo para revitalizarlo y dedicarlo al turismo rural. Una crisis tras otra impidieron que tal empeño e ilusión cuajara. Hoy su destino es el de servir de meta a quienes quieren pasar, un rato solo, en esta vibración de la Guadalajara vaciada, como sintiendo el pulso de la vida, que se escapó del todo.

Torrecilla del Ducado

Este de Torrecilla, en el ducado de Medinaceli, es un pueblo que pertenece administrativamente a la provincia de Guadalajara, pero que geográficamente está enclavado en el altiplano soriano. Fue siempre tan minúsculo, y esa "torrecilla" que le da nombre debía ser tan poco apetecible, que cuando se fraguaron las provincias, en 1833, nadie se fijó en él, y quedó en el territorio guadalajareño cuando, por lógica, debía haber pasado a la provincia de Soria.

En dos ocasiones he llegado hasta su altura. Un lugar encumbrado, en medio de pelados campos, aireado y muy frío. La primera, en 1975, pude charlar con sus gentes, que me enseñaron la iglesia, y avancé con ellas entre casonas recias y algunos palacetes que le daban enjundia, una veteranía de siglos. La segunda, en 2021, ha sido la que me ha sorprendido al encontrarlo absolutamente vacío. Con algunas —pocas— casas en pie, cuidadas incluso, y la mayoría ruinosas. El hecho es que a día de hoy, Torrecilla no existe ya como pueblo (es un agregado despoblado de Sienes) y solo sirve de meta de un viaje por esta "Guadalajara vaciada" por la que ahora nos movemos.

Viajando por la vieja Serranía del Ducado, llegamos al alto valle del Salado, y a la sombra del castillo de la Riba de Santiuste, tomamos la carretera que pasa junto a Querencia, a Tobes, ya vacíos del todo, y a Sienes, donde aún viven y tratan de sonreír unos niños junto a la nueva picota.

Nuestro camino se alarga por la carretera que lleva al confín de la provincia en esa zona, que es perteneciente al ayuntamiento de Sienes. Un "camino local" que lleva al pueblo, y que por no pertenecer a la responsabilidad de ninguna autoridad superior al municipio, está muy deteriorado. El camino, asfaltado, va ascendiendo suavemente, formando uno más de los pasos fáciles que en esta zona de la vieja Celtiberia permitía el cruce rápido entre las dos mesetas castellanas: hay densidad de rebollos grandes y alguna encina, enorme, aislada, arropado todo por un suelo de brezo con mucho chaparro que le confiere verdor inusitado en la alta primavera. Un par de veces cruzan la carretera, o vemos a lo lejos, los jóvenes venados que aquí abundan. El aspecto es el de un bosque mediterráneo, lujuriante, limpio y cerrado, que triunfa sobre los mil metros de altitud. Arriba de la cuesta, se abre el horizonte

y aparece la paramera soriana, cuajada de cereal, con un horizonte lejano y abierto. Y al bajar, enseguida, nos aparece el pueblo, que aun estando en un territorio geográficamente adscrito a la Vieja Castilla, es de la provincia de Guadalajara. A esto le llamo el confín. Donde hemos llegado.

Al pueblo se sube por un camino de piedras sueltas y hierbas abundantes. No hay pavimento de ningún tipo, y la mitad de las casas están en ruinas. Nadie lo habita, solo un perro nos ladra, habitante solitario de un patio cerrado. La iglesia, en lo más alto, se rodea de un cementerio en el que debió haber tumbas, y que hoy no se ven, sepultadas bajo una alfombra esponjosa de hierbas. La puerta del templo está tapiada, para evitar injurias, y el conjunto da idea de lo que una comunidad cristiana, desde la remota Edad Media, tuvo por marca señera. Delante de la iglesia, una fuentecilla.

Y por las calles, que recorremos bajo el sol pero con la bendición de un viento favorable, aromas campestres nos llegan, y algunas rehabilitaciones de viejos edificios nos sorprenden. Alguien decidió reconstruirse la vieja casa de los abuelos, para usarla en días de vacaciones, en el verano quizás… (porque el invierno, en esta altura, es época de garantizada inhospitalidad).

Se ven muros que fueron frentes de casonas, con dinteles tallados y esgrafiados escritos (esas iniciales que fueron nombres, esas cifras que fueron fechas, que decía Machado) y paseamos por espacios de íntima amabilidad, que parecen susurrar antiguas canciones. Torrecilla del Ducado, lugar que fue, desde la remota Edad Media, señorío de los La Cerda, duques de Medinaceli, y que hoy forma en la nómina de esos "pueblos despoblados, expropiados, abandonados"… de la tierra de Guadalajara, de ese espacio vaciado al que olvidaron nombrar los piadosos (aquí crueles) dioses de la geografía.

Querencia

EN SIGLOS PASADOS, QUERENCIA FUE PARTE del señorío episcopal seguntino. Sus gentes vivieron siglos a la sombra de ese poder feudal, labrando y cuidando tierras y animales que correspondían al señor obispo. Llegada la Constitución, y el liberalismo, sus condiciones de vida siguieron siendo las mismas, y sus pobrezas confirmadas. Mediado el siglo XIX tenía unos 50 habitantes, los mismos que en el primer tercio del siglo XX. Había escuela, pero tras la Guerra se cerró, teniendo que ir los niños a Riba de Santiuste, y a partir de 1970 a Sigüenza. En ese momento, solo había censadas allí dos familias con niños, un matrimonio mayor, y un soltero.

Cuando Amparo Donderis Guastavino escribió un hermoso trabajo sobre Querencia en el ya mencionado libro *"Serranía de Guadalajara: despoblados, expropiados, abandonados"*, acaba su descripción con un lógico lamento: *"El emigrante al partir se llevó con él de su tierra, junto a sus enseres personales, un valor étnico y vivencial de singular importancia: la herencia del espíritu"*. A Sigüenza se fueron unos, otros a Guadalajara. Y Querencia se vació para siempre. Se suspendió la asistencia sanitaria, la parroquia quedó adscrita a la de Tobes, y el ayuntamiento voluntariamente se entregó al de Sigüenza.

La economía de este lugarejo se basó siempre en la agricultura (mucho secano y poquísimo regadío) y en la ganadería, basada en propiedades privadas y una comunal dehesa boyal. El desprecio que nuestra sociedad hace hoy de estos fundamentos vitales, fue lo que ocasionó el abandono de sus habitantes. Su huida. Hubo en el término, desde mediados del siglo XIX, dos concesiones mineras, *–Emilia* y *Rafaela–*, de las que se extraía hulla, pero que en 1907 dejaron de producir. Como todos los lugares del entorno, tenía alguna salina formada al encharcarse de agua manantial algunas breves navas.

Ya vacío del todo, este pueblo nos muestra al llegar un aparatoso artificio de patrimonio en peligro, incluido solícitamente por Hispania Nostra en su Lista Roja de patrimonio amenazado o en peligro, y al que solo se le ha contenido en su progresiva ruina con un entramado de apuntalamientos metálicos que de momento han evitado que su espadaña se derrumbe. Cosa que ocurrirá, a pesar de todo, dentro de pocos inviernos. De nave única y breve, el templo se cubría con un techo a dos aguas, que se ha derrumbado ya. Su sencilla portada, de arco de medio punto adovelado, es el único detalle "artístico" que queda.

Nos dice Amparo Donderis, que la llegó a conocer entera, que su fábrica era robusta, y por su estructura debía incluirse en el apartado del románico rural seguntino, pero que "*a lo largo de los siglos el envejecimiento y el desgaste producido por la climatología fueron dejando su huella en la fábrica del edificio*". Y así, "*en el último cuarto del siglo XVIII, coincidiendo con un proceso de reconstrucción y ampliación de los templos parroquiales del antiguo obispado de Sigüenza, fue rehabilitada. Se sabe que en el año 1771, se procedió a reedificar la capilla mayor dotándola con una bóveda de arista, se renovaron las tejas de los tejados de iglesia, sacristía y pórtico y se blanquearon sus paredes*". El éxodo rural ha hecho que su abandono sea patente, tal como vemos en el dibujo adjunto.

Hoy se ve en Querencia un tímido rayo de esperanza, al ver cómo ha nacido, en 2010, una asociación llamada "*Levantando Querencia*" que trata de conseguir ayudas de la ADEL Sierra Norte, y poner su trabajo personal en limpiar y rehabilitar edificios, calles, rótulos y fuentes. Un trabajo plausible, que parece una luz clara en medio de este oscuro devenir en el que la "Guadalajara vaciada", por muchos otros lugares, va caminando.

Tobes

OTRO DE LOS LUGARES DEL ANTIGUO DUCADO DE MEDINACELI, que tras arrastrar siglos de vida callada, ha llegado a la consunción y ha quedado sin vecinos, vaciando su caserío aunque manteniendo su recuerdo en la memoria de muchos. Si era pequeño, que en el Diccionario de Madoz se dice que había 20 casas construidas, con una escuela de instrucción primaria que atendía a 6 alumnos, una fuente de agua, una iglesia y 15 vecinos (unos 50 habitantes) por allí deambulando.

Sin embargo, sabemos que llegó a tener ocho hornos para elaborar pan. No llegó nunca la luz eléctrica. Y los candiles de aceite y petróleo, así como los faroles de aceite o las linternas fueron sus fuentes de iluminación. Nos dice Raúl Conde, que lo ha estudiado al colaborar en el libro de *"Serranía de Guadalajara"*, que *"sus tierras se dedicaban al cultivo de trigo, cebada, garbanzos y lentejas principalmente, teniendo rebaños de ovejas en lo referente a la ganadería. Ovejas que se dedicaban a la cría del cordero, para ser vendidos a carniceros de Sigüenza, Guadalajara y Almazán. Un tratante de Valdelcubo [otra pedanía de Sigüenza] aparecía periódicamente por Tobes para comprar corderos. Entre dos y tres cerdos acostumbraban a matar en cada casa con el fin de tener carne para todo el año"*.

La salida (huída, según se mire) de sus habitantes comenzó tras la Guerra Civil. Buscaban trabajo y alguna comodidad que en el pueblo se les hacía imposible. Y se fueron a Sigüenza, a Guadalajara, a Madrid llegaron. El tío Lucio mantuvo su casa abierta, pero en 1972 se cerró. Y al año siguiente los dos últimos habitantes, Florentino Hervás y María Dolores Rodrigo, después de vivir solos un año, se mudaron a La Barbolla.

Tra ellos, el silencio. Como curiosidad cabe recordar que en 2004 Jorge Viroga rodó en Tobes la película *El Guardavía*, una producción que fue dirigida, rodada e interpretada por niños. Pertenecientes a la Escuela de Cine "Orson the Kid" intentaron comprar el pueblo entero, o buena parte de él. Sin éxito. Como tampoco lo tuvo la empresa Zenete Inversiones, que unos años después trató de adquirir el vacío poblado para rehabilitarlo y construir unos estudios de cine y un complejo turístico. Tobes sigue ahí, en su altozano, con su color gris confundido con el terreno, como un espectador que nos mira y nos desprecia. Está solo, sigue solo, y así seguirá hasta que el viento y la lluvia se lo lleve y lo disuelva.

De su patrimonio solo puedo decir que permanece su iglesia, milagrosamente en pie. De estilo primitivo románico, aunque con reformas, hoy su puerta está tapiada, y el arco de entrada, elegante y justo en su equilibrio renacentista, al atrio delantero, ahora se mantiene gracias a que alguien lo ha apuntado con unos troncos, pero en todo caso es peligroso andar por sus cercanías, porque en cualquier momento puede hundirse. Además el pueblo tenía una serie de cuevas excavadas en la roca, que al parecer se usaron para el acojo de cerdos y otras ganaderías. Están comunicadas esas cuevas, aunque es peligroso también meterse por sus galerías.

Es este de Tobes uno más de los pueblos de la "Guadalajara vaciada" al que cumplen perfectamente las palabras que le dedica el periodista Raúl Conde tras leer los lamentos que de la Castilla olvidada escribió Miguel Delibes: Al escuchar su reflexión sobre la dureza de antaño recordé aquello que siempre dice Julio Llamazares sobre la necesidad de revitalizar los pueblos, pero sin la quimérica –y absurda- idea de recuperar unos modos de vida que acabaron por expulsar a la gente de las zonas rurales.

Sienes

Hoy por hoy, Sienes mantiene pálpito y luz en su caserío y calles, con un patrimonio digno y escueto muy bien conservado, y un entorno amable y ocupado. De 60 casas habitadas que tenía mediado el siglo XIX, con sus casi 300 habitantes, hoy no llega a 50, que es un poco el límite que hemos considerado, al menos en este libro, para incluir o no a un lugar en el concepto de "Guadalajara vaciada". Sus anejos, Tobes y Torrecilla, están ya vacíos, pero en Sienes se oyen las campanas del templo los domingos y cada mañana sale humo de bastantes chimeneas que reflejan el calor un hogar allá dentro de los muros.

Es Sienes un lugar hermoso, puesto al inicio de un estrecho valle que baja desde los altos que separan las provincias de Soria y Guadalajara, en un paisaje agreste y cubierto de encinares y yermos campos con pastos en las laderas, con un pintoresco aspecto por sus construcciones tradicionales de arquitectura popular rural de la zona atencina.

Tras la reconquista de la zona, fue perteneciente al Común de Villa y Tierra de Medinaceli, pero aún en el siglo XII pasó a pertenecer al señorío episcopal de los Obispos de Sigüenza, en el que permaneció hasta finales del siglo XVI, concretamente hasta el 17 de diciembre de 1584, en que el rey Felipe II hizo a Sienes Villa con jurisdicción propia, eximiéndola de la dignidad episcopal.

En su patrimonio, vivo todavía, destaca su iglesia parroquial, que luce de la época románica en que fue construida su maciza espadaña o campanario, puesto en el muro occidental del templo, con remates triangular y vanos para dos campanas.. En su interior se ven algunos retablos barrocos de aire popular e ingenuo.

La belleza de su conjunto urbano, a pesar de que la mayoría de sus casas aparezcan cerradas, ha captado el interés de Isidre Monés, que no se ha resistido a plasmar con sus lapiceros un caserón de embocadura gigantesca, en semicircular arco que canta glorias pasadas.

Cuando se cumplió el cuarto centenario de su declaración como villa, en Sienes se hicieron festejos, conferencias, cucañas y fuegos artificiales. Y yo pude acudir, asombrado, a aquel pasajero pero intenso episodio de hermanamiento y conciencia popular del paso consciente del tiempo.

Entonces recordamos cómo en aquel mes de diciembre de 1584, para dar fe de lo acordado en la Corte, acudió un corregidor real desde Madrid. Tres

días duró el viajé desde la Corte hasta Sienes. Allí se entretuvo casi un mes en realizar todas las ceremonias rituales y administrativas que competían al caso. Al día siguiente de su llegada, don Pedro De Liñán –que así se llamaba el juez–, reunió a todos los vecinos de Sienes, «*a campana tañida e concejo abierto*» según lo tenían por costumbre, en casa del vecino Juan de la Torre, pues edificio concejil no lo tenían. Liñán les enseñó la cédula y provisión real, y luego hizo los nombramientos de las jerarquías concejiles. Así nombró alguacil mayor de Sienes a Francisco de Burgos, especificando su cometido para el futuro: "*rondará de noche y seguirá y prenderá los ladrones, y amancebados, y jugadores y tablaxeros y los demás que delinquieren*". Luego nombra a todos los "*oficiales*" del Concejo, que eran estos: regidores, diputados, procurador general, almotacen, fiel, y guarda del campo. También se visitaron las tiendas, posada y demás servicios que fueron examinados detenidamente por Liñán, levantando acta de todo. Finalmente, se realizó el recorrido por los confines del término municipal, colocando los mojones. El corregidor madrileño, en cada esquina del término, montado sobre un caballo como iba, cogía unas cuantas piedras y las esparcía por el aire, en señal de posesión. Se colocó la horca lejos del pueblo, en el camino de Tobes, y el rollo de jurisdicción, símbolo de Villazgo, se levantó, muy bien tallado, en la plaza del pueblo. Lo tiraron luego, y al final se ha levantado nuevamente, como símbolo de esta larga y fructífera historia.

La Barbolla

A 980 METROS SOBRE EL NIVEL DEL MAR, perteneció siempre en calidad de aldea a La Riba de Santiuste, y al estar sobre el valle del río Salado, muy cerca de Imón, participó en todos los trueques y beneficios que estos dos pueblos gozaron. Es de destacar el aire barroco de su templo parroquial, dedicado a la Cátedra de San Pedro, con detalles de buen gusto en su fachada y espadaña. El resto de las construcciones son del mismo tipo que los pueblos colindantes, esto es, una arquitectura recia y consistente, con piedra arenisca de fuerte color rojizo, y perfiles contundentes de tipo serrano.

En tiempos antiguos existieron unas mínimas instalaciones para el aprovechamiento de la sal en el fragmento de río Salado que pasa junto al pueblo. Sabido es de todos que la sal fue un preciado bien en los tiempos medievales, cuando los alimentos perecederos tenían que mantenerse a base de salarlos. La sal fue moneda de trueque, y los beneficios que las salinas producían, aprovechados por los magnates e instituciones que las administraban, dieron para mucho. De la sal obtenida en el río que pasa junto a La Barbolla, se sacaron dineros con los que construir buena parte de la catedral de Sigüenza. Hoy es una pedanía de Sigüenza, y la encontramos como una leve altura sobre el entorno, a la que llaman los Casarazos, y se rodea de dos fuentes que llaman la Hontoba a una y la Hontonilla a la otra. En la fuente de los Colmenarejos se ven restos iberos, cercanos al excavado castro de las Torrecillas. En los administrativo perteneció al Común de villa y tierra de Atienza, aunque luego fue propiedad del señor de Sigüenza, su obispo correspondiente. En su haber agrícola pueden anotarse los cereales, el girasol, los prados de "dalle" y las zonas de pastoreo. En 2009 tenía una población de 19 habitantes, hoy no llegan a la mitad, pero el pueblo sigue, al menos, vivo, porque está entre carreteras que le dejan fácil acceso, y su cómoda relación con Sigüenza y Atienza le permite otear ese viejo paisaje "Dulce y Salado" que entre ambas históricas poblaciones está propuesto a ser declarado Patrimonio de la Humanidad. La verdad es que esta no sería lo mismo sin estas tierras, que evidencian en su pelada soledad el modo de vida, y el aspecto de Castilla en tiempos medievales. De los campos emergen aldeas a las que su campanario protege, y los caminos serpentean entre las choperas y los encinares.

El arroyejo de Bretes, que pasa lamiendo los pies del pueblo, baja también hacia las aguas del Salado. Este es uno de esos riachuelos que atraviesan, al nacer, profundas masas de sal acumulada, diluyéndola en sus aguas, y dando esa característica sal-utífera al entorno, desde hace siglos, milenios, y que hoy solo sirve como curiosidad y un aprovechamiento industrial que está degradando el conjunto antiguo de las viejas salinas [de Imón]. El entorno tiene una escasa consistencia agrícola, y la esperanza, tan remota, de que todo mejore, deriva de la presentación a la UNESCO del conjunto de pueblos y paisajes que con el título de "Paisaje Dulce y Salado" entre Sigüenza y Atienza pretenden ser declarados Patrimonio de la Humanidad, y manifestar así, ante el mundo, que este es un espacio inmaculado y original, conservado durante siglos con el mismo horizonte de tierras, nubes, salinas y chaparrales. Una joya de la Naturaleza a la que se suman viejas edificaciones y hondas historias.

De La Barbolla no puede decirse nada más, porque su canción está casi apagada, su población resiste, y el título que la asigna a la Guadalajara Vaciada está ya muy cerca de alcanzarlo. Ojalá que tarde. Y, de momento, que brille esa pequeña joya de su iglesia parroquial, que canta la belleza de la piedra barroca tallada y airosa.

Valdealmendras

CUANDO CASTILLA COMENZÓ A REPOBLAR LAS TIERRAS DE LA TRANSIERRA, en algunos casos se usaron caseríos ya antiguos con sus propios nombres de origen celtíbero, romano o visigodo, pero a la mayoría los hicieron nuevos y les pusieron nombres de alusión clara al entorno geográfico. Nombres hermosos hoy en día, evocadores, significativos de su emplazamiento. Así ocurrió que en un vallejo que está al norte de Riosalido, uno de los míminos lugares creados en esa repoblación fue llamado Valdealmendras, nombre que no necesita explicación alguna.

Este pequeño enclave se forma hoy por un bloque de 11 edificaciones, una de ellas la iglesia, que es de líneas románicas, sencillísima, y otras dos casas más tejadas, mientras que el resto, 8 edificios en concreto, están ya en abandono y ruina, con los techos caídos. Se alinean junto al arroyo de la Cueva, que va a dar en el arroyo de los Rejares, y este en el río Bretes, que a pesar de su calificativo geográfico no pasa de ser un humilde regato, seco gran parte del año. La geografía humana y la accidental se dan la mano en esto: todo va en retroceso, apagándose y quedando vacío, y en silencio.

En el diccionario promovido por el ministro Madoz, mediado el siglo XIX, Valdealmendras tenía 43 habitantes que habitaban 13 casas. En el 2011 el INE contabilizaba 5 habitantes. Hoy no hay nadie. Está vacío el lugar. Solo ruinas, y el murmullo de la fuente que acabará por ser sepultada por la vegetación, es lo que queda.

Como todo el entorno de Riosalido, y hoy de Sigüenza a cuyo municipio pertenece, Valdealmendras fue señorío de los obispos de Sigüenza. No sufrió guerras ni alborotos, la gente solo atendía a su supervivencia, y su caserío estaba fuera de cualquier camino. En el Madoz se dice que había poca agricultura de secano, se cosechaban algunas legumbres y se destinaban los pastos a mantener ganado lanar y cabrío. En el entorno, los arqueólogos encontraron hace años "restos romanos", pero en definitiva allí no ha quedado nada. Si algún lugar de Guadalajara puede hacer los honores plenos del abandono y el vacío social, este es Valdealmendras, al que al menos los lapiceros de Isidre Monés han rescatado la imagen de su fuente, que quedará sonando —mientras llueva en primavera— durante algún tiempo más.

El "Madoz", que fue un Diccionario Geográfico mandado hacer por el Ministro así apellidado, mediado el siglo XIX, para saber a conciencia lo que había de riqueza o asimilados en los pequeños entornos del país decía de este lugar que se denominaba "Torre de Val de Almendras", que estaba en la provincia de Guadalajara, de la que distaba 13 leguas, en el partido judicial y diócesis de Sigüenza, a 2 leguas tan solo, *"situado en llano, con buena ventilación y clima templado y sano. Tiene 13 casas; una fuente de buen agua, y una iglesia parroquial servida por un cura y un sacristán... el terreno es algo calizo, fuerte y de regular calidad. Los caminos, locales de herradura, están en mediano estado. El correo se recibe y despacha en Sigüenza. La producción es de cereales, algunas legumbres ordinarias y yerbas de pasto, con las que se mantiene ganado lanar y cabrío y las yuntas necesarias para la agricultura, única industria de los habitante*s" Y en las cifras finales, que eran las que a la Hacienda importaban, estos datos: pobl.: 12 vec., 43 alm. cap. prod.: 336,000 rs. imp.: 16,800. contr.: 986.

Pozancos

Es una de las pedanías que constituye el actual municipio de Sigüenza, pero fue durante siglos un pueblo con personalidad propia, una pequeña joya del antiguo Ducado de Medinaceli, escondido entre los repliegues del crestear serrano de la Sierra de Pila, que va entre el Henares y el Salado, al pie de la Peña del Francés, abrigado de olmedas, carrascales y rebollos.

A mediados del siglo XIX tenía unos 150 habitantes. En 2009 solamente 36, y hoy aún menos. Está plenamente incluido en la "Guadalajara vaciada". Lugar de residencia de algunos románticos y de segunda estancia para muchos seguntinos y gentes varias. No por eso debe dejarse de considerar un digno representante de la Guadalajara vaciada, porque a esa escasez de habitantes, y en declive, añade la circunstancia de la progresiva ruina de su patrimonio.

Hace muy poco se ha hundido la cubierta de su iglesia parroquial, una fantástica representación del románico seguntino, un remedo en miniatura de su catedral. Dedicada a la Natividad, muestra en su muro sur una portada de arcos semicirculares, baquetonados decrecientes, que apoyan en una ristra corta de capiteles, con tallas de vegetales y acantos, muy parecidos a los de las puertas grandes catedralicias. Con toda seguridad, tallados por las mismas manos. Una sola nave, una espadaña triangular a poniente, y un ábside semicircular a levante, con canecillos y metopas muy sencillas. En el interior, el cura Martín Fernández, que fue señor de Pozancos en el siglo XV, y miembro de su cabildo catedralicio, quiso levantar capilla propia y en ella colocar su mausoleo, consistente en su enterramiento cubierto por su efigie yacente y revestida, más unas esculturas de Adán y Eva y un buen cuadro del Entierro de Cristo. Desbaratado todo, una parte está en el Museo Diocesano de Arte antiguo, y otra allí, ahora expuesto a las veleidades atmosféricas.

Es cierto que desde los años ochenta del siglo pasado, la Junta de Comunidades de Castilla-La Mancha se ha ocupado, en campañas repetidas y sucesivas, de ir restaurando los edificios propios del románico de la Región, que se sitúan casi exclusivamente en la provincia de Guadalajara. La catedral de Sigüenza, tras la Guerra Civil, y otros elementos singulares declarados BIC (Villacadima, Campisábalos, Carabias, Pinilla de Jadraque, etc.) se adelantaron

a otras iglesias que también lo necesitaban, y que se han ido deteriorando antes de que les llegara el turno. Es el caso de Pozancos, que a pesar de haber recibido atención en su portada, la techumbre no ha podido resistir el embate del tiempo, y su hundimiento ha situado al pueblo en esta área de la tierra vaciada, en este caso por falta de atenciones y cuidados.

Yo en verano paso alguna vez por su larga calle zigzagueante, y me quedo sentado en un mirador junto a la fuente señorial, que adorna la plazuela donde luce su piedra arenisca, roja y brillante, el caserón de los Lagúnez. Cerca está el templo, ahora en declive, y en el entorno solo los cantos pajariles, el sonar de aplausos de los árboles. Al lugar se le ha incluido en el "Paisaje Dulce y Salado entre Sigüenza y Atienza" que es candidato registrado con aspiraciones a ser declarado Patrimonio de la Humanidad. Si lo consigue, a lo mejor vuelve la gente a sus viejas casas, y la historia sacará pecho y volverá a respirar hondo. Es difícil, sin embargo. Esta España en retroceso, en abandono de intenciones, que cuaja a la perfección en este Pozancos mínimo, tiene ya muy difícil la reconversión de sus pequeños pueblos en entidades vivas. En todo caso, habrá que intentarlo. Y yo seguiré volviendo cada verano a sentir esta paz, y a escuchar a esos pájaros de los que no sé el nombre, aunque los conozca.

Ures

COMO UN POBLADO MÍNIMO AL QUE ATRAVIESA una carretera local que sube desde Palazuelos a Pozancos, Ures dormita y sin enterarse penetra en la nómina de poblaciones de la Guadalajara Vaciada, sin llegar al cero absoluto, pero acercándose mucho. Hacia mediados del siglo XIX contaba con ayuntamiento propio y contabilizaba una población de 53 habitantes. Mucho tiempo después, en 2009, contaba con 9 habitantes. Hoy son menos. Y pertenece como agregado al municipio de Sigüenza, del que siempre dependió.

Se trata de un muy pequeño lugar en lo hondo del vallejo de Pozancos, y que durante muchos siglos formó parte del señorío episcopal de Sigüenza. Tan pequeño es Ures, que el viajero no sabría qué decir de él, a donde mirar. Como siempre, en ayuda de su azoramiento viene la iglesia parroquial. Localizada en el centro del breve caserío, aislada del resto de los edificios, este templo está formado por los cuatro muros que al exterior se ofrecen, y por una sola nave en el interior. Con todos los parámetros clásicos de la arquitectura románica, nos presenta el muro occidental liso y rematado en sencilla espadaña de corte triangular con un par de vanos para las campanas. La chavalería de nuestro siglo le ha puesto, en su ánimo de fomentar el deporte en cualquier rincón de este olímpico país, una canasta de baloncesto cosida al muro, con lo que tenemos lo que podría denominarse, en el argot administrativo al uso, un «templo románico polivalente» que haría las delicias de cualquier diseñador social que se precie. La puerta del templo se encuentra en este mismo muro de poniente, y no tiene el más mínimo asomo de decoración románica. Por no tener, no tiene ni señas de edad cronológica. ¿De cuando es esa puerta? Tiene, como las mujeres bellas y maduras, una edad indefinida.

El muro del mediodía, iluminado por el sol, no tiene el acceso que le correspondería. En el caso de Ures, esta anomalía estructural es debida a la disposición del terreno en que asienta el pueblo, que es más elevado por este lado, y hubiera obligado a hacer una puerta muy baja, con escalinata de bajada al interior. Demasiada complicación para tan breve lugar. El muro del norte se encuentra hoy totalmente cegado, sin apenas un ventanal, pero primitivamente tuvo una puerta de acceso, ancha y baja, de arcada semicircular, que fué tapiada en siglos pasados.

Y al fin, la cara de levante, la que define la orientación del templo, ofreciendo en este caso un ábside mínimo, de planta semicircular, con aspilleras de muestra, porque no parecen de verdad, de tan pequeñas. Bajo el alero, y a todo lo largo del templo, aparecen canecillos sin moldurar que sujetan el tejado. El material con que están compuestos los muros es de sillarejo muy basto, poco cuidado, mezclado con argamasa en el centro de los muros, y alternando con sillares en las esquinas.

Su historia, aunque mínima, es también larga. Porque huellas notables de la prehistoria quedan en sus alrededores, concretadas en el yacimiento de la Cueva de la Peña del Mediodía, donde se encontraron importantes restos arqueológicos pertenecientes a un auténtico «taller neolítico», destacando algunas hachas de sílex, puntas de flechas de bronce, etc.

Palazuelos

NO ES QUE PALAZUELOS SE HAYA QUEDADO VACÍO. No es probable que eso suceda. Actualmente es una pedanía de Sigüenza, pero tiene este pueblo tal vida propia (por silueta y sedimentos históricos) que siempre se mantendrá vivo. Son otras cosas las que le han hecho ir a menos, encogerse, cuando lo más lógico es que hubiera ido a más, alzarse.

Hoy tiene Palazuelos unos cien habitantes, que no es poco. Aunque a mediados del siglo XVIII alcanzó a tener un millar. Parecía resonar en sus calles el clarín de los Mendoza, sus señores, y el campo daba para mucho: buen trigo y estupendos rebaños de oveja. Pero las cosas fueron por otros caminos, y Palazuelos quedó, como dicen los clásicos "anclada en el tiempo".

Si aparece en esta nómina o catálogo de la Guadalajara Vaciada es porque no crece, y lo que debería ser un lugar de atractivo turístico y patrimonial, no arranca ni bien ni mal. En cualquier país de la Europa a la que pertenecemos, incluso en otras regiones de España, un pueblo como Palazuelos estaría cuidado, mimado, promocionado al máximo. Un lugar que mantiene entera su muralla medieval, que se accede a través de las viejas puertas de trazo quebrado del siglo XV, con un castillo en su extremo norte adosado, ya tiene los méritos suficientes para ser resaltado, recompuesto y mostrado con orgullo.

Pero no: los 50 habitantes que tenía hace 10 años, hoy son menos, y ya no saben qué hacer para que se fijen en ellos. Una asociación cultural "Murallas de Palazuelos" dinamiza un tanto a la villa, especialmente en verano, y un par de pequeños museos abiertos ahora, con elementos y piezas de la vida rural de antaño captan la atención de los viajeros, que lo admiran siempre con esas murallas, que hablan por sí solas de un pasado potente, legendario y colorista.

Fue la familia de Mendoza la que durante siglos ejerció la titularidad feudal del pueblo. Aunque luego se articuló como villa, y en la plaza mayor se levantó un rollo jurisdiccional que no hace mucho se recuperó de entre los viejos escombros.

Otro de los elementos castizos de Palazuelos es su castillo, que se alza inserto en la muralla, en su costado noroeste. Le rodea una barbacana o defensa baja, a la que se penetra desde la villa por una puerta que tuvo puente levadizo, y está escoltada de dos desmochados torreones. El recinto interior

tiene una liza que le rodea, y en el centro se alza el cuerpo principal, que consta de un edificio alto, cuadrado, herméticamente cerrado y rodeado de dos cubos en las esquinas y gran torre del homenaje adosada al muro de poniente. La entrada a este recinto interior está en dicho muro occidental. Por ello vuelve a repetirse el sistema zigzagueante de acceso en el caso de este castillo. Su época de construcción data del siglo XV, en su segunda mitad, y podemos atribuirla a los impulsos de don Iñigo López de Mendoza, marqués de Santillana, y de su hijo don Pedro Hurtado.

Finalmente, el elemento más potente del conjunto es la muralla, que rodea al pueblo en todo su perímetro, excepto en muy leves trozos derribados. Se refuerza en ocasiones con cubos y torreones, y en ella se abren cuatro puertas, consistentes en gruesos torreones de planta cuadrada con cubos en las esquinas, a los que se penetra por uno de sus muros, bajo arco ojival, y se sale hacia el pueblo por otro diferente y lateral. Es el clásico sistema de «acceso en zig-zag» tan propio de la Edad Media para la mejor defensa de las fortalezas, y que los Mendoza utilizaron en casi todas sus construcciones. En algunas de las puertas se ven, desgastados, los escudos mendocinos.

Olmedillas

Por estas tierras del antiguo ducado de Medinaceli, abundan los pueblecillos que fueron en su día centros geográficos de espacios dedicados a la agricultura y la ganadería. El control ducal de personas y bienes, especialmente dirigido a controlar los impuestos que debían pagar los habitantes de la zona, suponía una distribución en pueblos pequeños con unas superficies que nunca sobrepasaban los 20 kilómetros cuadrados. En esta zona de Castilla, todos están disminuyendo su población, porque sus anteriores habitantes se han ido a las ciudades, o porque han pasado los años, se han hecho mayores y se han muerto... Entre las ciudades de Medinaceli (en Soria) y Sigüenza (en Guadalajara) acumulan como pedanías más de 40 poblaciones de este estilo.

Una de ellas es Olmedillas, de la que podemos recordar que es lugar mínimo regado por escaso arroyo que irá a dar al Henares en Alcuneza, y que prácticamente deshabitado, ahora solo se ocupa durante el verano, en que su fresco clima es buscado para el descanso.

Perteneció desde la reconquista al alfoz o Común de Villa y Tierra de Medinaceli, quedando durante varios siglos, hasta el XIX, en el señorío de los La Cerda, amplio territorio que comprendía gran parte del norte provincial de Guadalajara conocido como Ducado de Medinaceli.

Presenta este pueblo algunos singulares ejemplos de arquitectura popular con grandes caserones construidos a base de sillarejo y grandes dinteles pétreos. Su iglesia parroquial, dedicada a la Purísima Concepción, es obra de reminiscencias románicas: presenta una fuerte espadaña triangular sobre el muro de poniente. Al mediodía se abre la puerta de sencillo arco semicircular, adovelado, bajo pórtico sujeto por columnas de piedra. El interior no ofrece nada de notable.

En estrecho paso, sobre la carretera que viene al pueblo desde Alboreca, se sitúa la conocida *Cueva Harzal,* de fácil acceso, y que presenta varias y grandes bocas con amplias comunicaciones interiores, que fue sede de habitación humana desde remontísimas edades: se han encontrado importantes vestigios de época paleolítica y neolítica, como objetos de sílex tallado, de hueso pulimentado, hachas de fibrolita, cerámicas a mano y objetos metálicos. De la Edad del Bronce se encontraron vasos campaniformes, vasos decorados

con incisiones, etc. Desgraciadamente, estas cuevas han sufrido el saqueo de incultos aficionados a la arqueología, y en los últimos decenios se vaciaron grandes cantidades de tierra y estratos en su interior para habilitarlas como parideras para el ganado, por lo que hoy puede considerarse casi perdido este importante yacimiento a los efectos de su estudio sistemático y científico. No obstante, se han reiniciado estos estudios.

Las cifras de población de Olmedillas lo dicen todo: a principios del siglo XX tenía 380 habitantes, que tras la Guerra Civil quedaron reducidos a 190, y que en 2008 no pasaban de 10. Hoy quedan cuatro casas habitadas de forma permanente, con 8 habitantes. Estas son las cifras, objetivas y espeluznantes.

Estriégana

HOY TIENE UNA DOCENA DE HABITANTES, de asiento, aunque en fiestas y descansos acuden "hijos del pueblo", descendientes de los de antes, y se juntan más. A finales del siglo XIX tampoco pasaban de los 50 habitantes. Así es que a Estriégana cabe calificarla, desde siempre, como un lugar a punto de vaciarse, aunque es capaz, en el último momento, de hacer la remontada, y así nunca llega a ello.

Como hubo una época en que me dio por describir y analizar la memoria de todos los lugares de la provincia, por pequeños que fueran, en aquella su *"Crónica y Guía"* dije esto de Estriégana: En abrigado vallejo, rodeado de arboledas y junto a escaso arroyo que va a dar al río Dulce, que pasa muy cercano, asienta este pueblecillo, habitado casi exclusivamente durante los meses de verano, en que su clima de altura es fresco y agradable. La escasa agricultura que permiten sus vegas, y el pastoreo o cuidado de los bosques dan para mantener durante el resto del año a unas escasas familias.

Fue Estriégana, poblada a partir de la reconquista de la comarca en el siglo XII, aldea del Común de Villa y Tierra de Medinaceli, pasando a ejercer su señorío los de la familia La Cerda, dueños del gran ducado de Medinaceli, que comprendía una gran parte de las altas tierras del norte de la provincia de Guadalajara.

Existe en su término una necrópolis celtibérica con restos fechados en los siglos IV al III antes de Cristo. Destaca su iglesia parroquial en un altozano sobre el caserío: se trata de un bello ejemplar de arquitectura románica, rural, construido en el siglo XIII, con su ábside semicircular, su línea de canecillos y modillones (algunos con iconografía curiosa) bajo los aleros, y sencilla puerta de arco semicircular en el muro de mediodía. La espadaña triangular con un par de vanos para las campanas, es obra de la misma época. Pero todo el conjunto está modificado con varios detalles en épocas posteriores. Sin embargo, es un ejemplo más que prueba la riqueza y abundancia del estilo románico en estas sierras y tierras altas del Ducado.

También puede admirarse algunos notables ejemplos de arquitectura popular, casas de recio sillar y sillarejo de tonos rojizos, piedra arenisca de la

zona, con grandes dinteles y jambajes en vanos, muy bellos e ilustrativos de la arquitectura rural de la comarca seguntina. En el lugar denominado «da Torrecilla» existen restos apreciables de un antiguo torreón o torre-vigía medieval, quizás asentado sobre primitivo castro ibérico.

El dibujo que para Estriégana ha reservado Isidre Monés hace alusión a la ruina intrínseca, al deterioro de todo cuanto antes se había hecho con un fin, una utilidad, incluso un apetito de eternidad. Y el resultado siempre es el mismo: todo cuanto se hace o eleva, cae y desaparece.

Moratilla de Henares

En la orilla del Henares, aguas debajo de Sigüenza, Moratilla se esconde entre unos agrios cerros, y su única calle serpentea entre las arboledas de junto al río. Fue siempre un lugar pequeño, pero llegó a tener 300 habitantes a mediados del siglo XX. Desde la época de la Repoblación, cuando los obispos de Sigüenza señorearon aquellas tierras de latido celtibérico, Moratilla es un núcleo cuyos habitantes vivían de la agricultura, de la caza, de los montes… en 1180, doña Blanca, dama que fue hermana del obispo don Bernardo, y señora del lugar, y de Séñigo, se lo vendió a don Arderico, y el sucesor de este, don Bernardo, se lo donó al Cabildo catedralicio. No dependía la aldea, pues, del Obispo, sino de los capitulares, y ellos fueron señores hasta principios del siglo XIX, cuando se abolieron los derechos señoriales. Entre medias, el estado filipino intentó desamortizarlo, pero se defendieron y llegó bajo las mismas manos a la Edad Contemporánea.

La evolución de su población ha sido tan llamativa, que hoy debemos incluirla en esta "Guadalajara vaciada" por no llegar a 10 sus habitantes. A mediados del siglo XIX, cuando Madoz cotejó datos de todos los pueblos de España, en Moratilla vivían 130 habitantes, y tras la Guerra Civil hubo incluso hasta 300. Pero la emigración clavó sus garras, como en tantos otros sitios, y en el 2011 solo tenía 15, y hoy ni la mitad. En el decreto de 18 de abril de 1963 se contemplaba, además, "la incorporación voluntaria de los municipios de … Moratilla de Henares … al Ayuntamiento de Sigüenza". En la comarca de la serranía del Ducado, donde esta fuerza de la despoblación ha hecho mella con más daño.

El término es pequeño y se ve gobernada la silueta del pueblo por la iglesia dedicada a San Miguel Arcángel, que es edificio con recuerdos arquitectónicos de la Edad Media, de cuyo estilo románico muestra aún la conformación planimétrica, y el boceto triangular de su espadaña. Aunque pocos viven, todavía hay bastantes casas abiertas, arregladas, utilizadas en los tiempos de clima suave. Es, –por así decirlo– un despoblado con rumor de veraneantes. A Cutamilla se le tiene por poblado muy añejo, puesto junto al río Henares, aguas debajo de Moratilla, y por donde desde tiempos remotos pasa camino, donde hubo romana calzada. El gran monte de encinas y robledales que pue-

blan las montañosas orillas, fue rico en cazas y durante la Edad Media tuvo hasta osos, a los que venía a cazar el rey Alfonso XI de Castilla. Durante el siglo XIX fue el duque de Pastrana el propietario de este enclave, en el que construyó un palacete al que vino a posar unos días don Alfonso XIII y su madre doña Cristina de Habsburgo, amén de otros jerarcas, –entre los que no podía faltar el Conde de Romanones– para cazar y descansar. Hoy es sede de una empresa extractora de las ricas y limpias aguas de sus manantiales.

Tortonda

Celebran a San Pedro, porque alguien dijo, en su día, que era el más importante de los santos, el primer pontífice, el preferido de Jesucristo. Orgullosos estuvieron, muchos siglos, de tenerle por patrón. Y así lo hicieron mientras hubo aliento en sus casas, y en sus calles. El pueblo tiene una sola, la Real, con casonas cuyos dinteles son de piedra tallada, y que se ensancha delante de la iglesia, donde manda una fuente de piedra y se mira el tronco seco de una olma concejil que alcanzó a ser, en los buenos tiempos en que las olmas daban sombra, muy voluminosa, de corpulencia brava.

A mediados del siglo XIX tenía 150 habitantes, y en 2018 solamente 35. Pertenece hoy al Ayuntamiento de Alcolea del Pinar, y solo una docena de familias viven aquí. Están a punto de ver cómo se vacía, también, Tortonda.

Puede decirse de él que es pequeño enclave al que puede llegarse por la carretera desde Alcolea del Pinar, en un suave y poco profundo vallejo por el que en épocas de lluvia y deshielos, corre un arroyo que dará sus aguas en el Tajuña; presenta su término campos de secano, monte bajo y escaso pinar. Su población es progresivamente menor, notándose por todas partes las huellas del abandono.

De los remotos tiempos, del Neolítico incluso, puede decirse que hubo población nómada, y de esa época se encontró una cueva que tenía una entrada cerrada por una piedra de metro y medio de altura, sobre calzos que le permiten movilizarse, con muchas incisiones y tallas, algunas representando animales, y otras humanos. Cuevas así, y abrigos, se encuentran por El Bosque, el Polvorín, la fuente de Don Eugenio y El Portachuelo.

Tras la reconquista, perteneció esta aldea al Común de Villa y Tierra de Medinaceli, usando su Fuero y estando sometida a su jurisdicción y acciones comunales, con participación en los aprovechamientos de pastos y leñas de todo el territorio. Desde el siglo XV, estuvo además sujeta al señorío de la poderosa familia de los La Cerda, y, por lo tanto, incluida en su amplísimo territorio o ducado de Medinaceli, hasta el siglo XIX.

Es verdaderamente interesante la situación y el aspecto general del pueblo, con ejemplares magníficos de arquitectura popular, que aquí muestran una construcción que denota fuerza y resistencia, con fábricas de sillarejo bien tallado y maderas entramadas. Su iglesia parroquial, dedicada a la Concepción, es interesantísimo ejemplar de arquitectura románica rural, construida en el siglo XIII, aunque con reformas posteriores. De dicho estilo, conserva en el muro norte, la galería porticada en la que se abre una puerta central y una serie de arcos laterales, a ambos lados de la misma; los de su derecha destruidos en el siglo XVI para abrir otra puerta semicircular con decoración de bolas. Los arcos de medio punto están apoyados en capiteles con hojarasca sencilla. El resto del templo es posterior; muestra una torre rematada en almenas, simulando un castillo. Y una portada barroca sencillísima de acceso al templo por occidente. En el interior, de una sola nave, destacan varios retablos renacentistas, siendo el más importante el dedicado a San Miguel.

Luzaga

TODAVÍA RESPIRA, JUNTO AL TAJUÑA, AGUAS ABAJO DEL MOLINO, al rebujo de su castro celtibérico, en el que cientos de guerreros proclamaron su sentido de independencia. Luzaga tiene hoy todavía ayuntamiento propio, y medio centenar, largo, de habitantes. Está abrigado entre las suaves vertientes de un vallejo que se forma con el paso del Tajuña, y en sus alrededores discurre el río entre angostos roquedales; más los pinares densos y solitarios, y las parameras frescas, constituyen encantadores motivos para realizar excursiones y pasar temporadas de vacación.

Aquí vivieron, siglos antes de la Edad Cristiana, los *lusones*, uno de los pueblos que conformaban el conjunto celtibérico. Durante la Edad Media hubo una torre vigía en el término, y posteriormente a la reconquista quedó enclavado, en calidad de aldea, en el alfoz o común de Tierras de Medinaceli, pasando en el siglo XV al señorío de los La Cerda, y con ellos estuvo hasta el siglo XIX incluida en el ducado de Medinaceli.

Pocos saben, incluso en el mismo pueblo, que *"El Castejón"* de Luzaga, que es la parte alta de la villa, es realmente una gran acrópolis celtíbera, que ha permanecido abandonada durante 2.000 años. Nadie se ocupó de cuidar aquel espacio, de conservar sus muros, sus torres, sus recintos. Tampoco nadie se entretuvo en destruirlos. Simplemente, se fueron cayendo y disolviendo. De sus enormes murallas, quedan hoy alineaciones o zócalos de grandes sillares, y no muchas, porque esa fue cantera durante siglos para que los vecinos extrajeran buenas piedras para construir sus corralizas y aún viviendas. Los más notables restos del Castejón celtibérico de Luzaga se sitúan al borde de los farallones rocosos que marcan el extremo del perímetro urbano por el noroeste: en esa zona se situaba el núcleo principal de la acrópolis o núcleo defensivo de esta vieja ciudad a la que los clásicos romanos denominaron *"Lutecia"*. Además se ven, adosados al lienzo norte de la muralla por el interior y a partir de su ángulo sudeste, distantes entre sí unos 100 metros, los restos de tres torres.

Tuvo luego asentamiento romano, del que se han excavado estructuras, plantas palaciegas, abrigos termales. Se llegó a encontrar una amplia zona de pavimento cubierto de mosaico, compuesto de teselas blancas con adornos de florecillas muy esquematizadas en negro y amarillo, simétricamente distribuidas

en forma de nudos de una retícula, todo enmarcado por una cenefa con el mismo tema de las flores. Los arqueólogos que realizaron aquella campaña de excavación concluyeron en que se trataba de un edificio construido en la segunda mitad del siglo I d.C. y que fue destruido no mucho después por un violento incendio.

Y aún cabe recordar, de esta riqueza arqueológica, el llamado *"bronce de Luzaga"*, una placa metálica grabada con textos celtibéricos, que al parecer sellaba un gran acuerdo entre tribus de la zona. Se encontró en el entorno de El Castejón, pero han sido tantos los avatares que ha corrido la famosa pieza, que hoy está oficialmente desaparecida.

En el entorno de Luzaga se pueden ver edificios en ruinas que apelan a la riqueza poblacional de los siglos medievales. El río Tajuña era —como todos los ríos, durante siglos— un eje señalado de comunicaciones, de vida palpitante. Y así encontramos hoy, en lo alto de un peñote sobre las estrechuras del valle, el torreón de Albalate, hecho para la vigilancia estratégica del camino. Y cerca, en el término ya de Villaverde del Ducado, la aislada ermita de San Bartolomé, un ejemplar de pura esencia arquitectónica románica que ha sido restaurada y mantiene sus esencias en lo que fue aldea ya perdida de Campiello.

La iglesia parroquial, dedicada a la Asunción de la Virgen es románica, con detalles del Medievo: portada semicircular, ábside con canecillos, olor de pretéritos rezos… Es muy interesante en su interior la pila bautismal realizada con piedra caliza de la zona, y perteneciente a la época de la construcción. Es, por tanto, una pieza del siglo XIII sin duda. La superficie de su copa nos muestra una decoración poco habitual en este tipo de obras. En su parte central, totalmente lisa, se dispone una cruz patada inscrita dentro de un círculo que apoya sobre un pequeño montículo del que brotan algunas hojas de flor a cada lado. Al final, y en su conjunto, el caserío muestra su fortaleza, una a una las casas, de piedra arenisca en tonos rojos, con sus dinteles tallados, sus esgrafiados mágicos, su intención perdurable, que anima a quien mira este pago tan resuelto, tan valiente…

Abanades

Es DE LOS POCOS LUGARES DE ESTE LIBRO que mantiene un razonable pálpito, con más de 60 habitantes en él morando, que viene a ser la mitad de lo que había mediado el siglo XIX. Es verdad que la Guerra Civil marcó un ecuador de vivencias, porque fue frente vivo, con los dos ejércitos enfrentados en los cerros que la escoltan. Pero supo salir de aquello, y hoy tiene una dinámica (fiestas, parques, edificios con escudos, puentes y hoteles rurales) que le dan un tono a "Guadalajara llena", aunque desde su iglesia (retratada por Monés desde el interior de su galería porticada) se apalanque la tarde de invierno entre sombras y algunos, pocos, humos que salen de las chimeneas.

Perteneció Abanades, siempre a la orilla derecha del paternal Tajuña, tras la reconquista de la comarca al amplísimo alfoz de Medinaceli, en cuya jurisdicción y normas forales estuvo incluido, siendo una aldea más de las que formaban su Común de Villa y Tierra. Siglos adelante, como todo el Común, quedó bajo el señorío de la familia de La Cerda, condes -y luego duques- de Medinaceli. Una gran zona de la provincia de Guadalajara, en su parte norte, la comprendida entre las tierras de Sigüenza y el señorío de Molina, incidiendo hasta el Tajo, formaron en ese territorio del que aún le queda el apelativo común de «Sierra del Ducado», y del que son ilustrativos ejemplos muchos de ellos de esta "Guadalajara vaciada" por la que andamos.

A la que se centró en Abanades, entre marzo y abril de 1938, se le ha denominado "la batalla olvidada", porque apenas ha dejado reflejos en las crónicas de la Guerra Civil española, a pesar de haber tenido una magnitud importante, debido a la intensidad de los combates y fuerzas implicadas – prácticamente un cuerpo del ejército contra otro- y las más de 7.000 bajas sufridas entre ambos bandos. Sobre el río Tajuña, y enfrentados ambos bandos a un lado y otro del río, con un nutrido acopio de atrincheramientos sobre el pueblo y en su torno, durante dos meses fue dura y continua la batalla, que centró un ataque del ejército republicano sin alcanzar éxito. De aquella

secuencia bélica, y con los muchos materiales hallados en el entorno, se ha montado un interesante Museo de la Guerra Civil, o "de la Batalla Olvidada" que añade apellido a este entorno, en el que el Vacío y el Olvido van siendo los protagonistas.

Aquí conviene destacar, en los más alto del caserío, la iglesia parroquial, que aunque desde lejos parece ser un edificio macizo y sin gracia del siglo XVI, presenta sobre su muro meridional un magnífico atrio o galería porticada de estilo románico, que consta de un arco central hecho en un resalte del muro, con piedra sillar. A cada lado del ingreso, y sobre alto antepecho o basamento, se presentan dos series de tres arcos semicirculares apoyando en columnas pareadas rematadas en buenos capiteles de fina decoración vegetal y de entrelazados; en el extremo occidental de la galería, que se cierra sobre violento terraplén, aparece una gran ventana aspillerada con derrame interior y exterior, decorada con molduras y columnillas, todo del mismo estilo, lo que le confiere a este atrio una gran belleza e importancia en el contexto del arte románico rural de la provincia de Guadalajara. Esta iglesia sufrió daños importantes durante la Guerra Civil española de 1936-39, siendo muy bien restaurada por el arquitecto Antonio Labrada.

Mazarete

A MAZARETE LE MARCA EL PASO SU VIEJA FÁBRICA DE MELAZAS Y RESINAS. De aquella gran industria, que llegó a tener un millar de obreros trabajando, hoy queda esto que Monés retrata con la parsimonia del blanco y negro: una ruina de la que emergen muros, torretas, una chimenea, unas arboledas que se lo comen todo. La fundó, cuando su empresa Unión Resinera Española comenzó a funcionar, el asturiano Calixto Rodríguez. Y en ella consiguió, a partir de la miera que se recogía de los pinares que compró al Ducado de Medinacelli en 1904, que sus resinas de primera, segunda y tercera, sus breas clara y negra, y la esencia de trementina fueran de excelente calidad. Tiempos ha que todo fue superado por la neoindustria química y los procesos sintéticos. Pero esa imagen nos da pie para incluir a Mazarete en este recuento de vacíos, a pesar de contar, hoy todavía, con 24 habitantes que cuidan el pueblo, y lo tienen hecho un aparente escaparate de serranías.

Arrellanado este pueblo en una suave hondonada y pequeña loma en las orillas del arroyo de su nombre, que va a dar más adelante en el alto río Mesa, muestra hoy su bien cuidado urbanismo que permite cómoda vida a los pocos habitantes que en él van quedando. Su amplio término municipal está cubierto en gran parte por densos pinares, que tapizan montes y vallejos y producen inmensa cantidad de resina, que ya nadie recoge.

Tras la reconquista de la comarca en el siglo XII, quedó este pueblo dentro de la demarcación territorial o comunal de Medinaceli. En el ducado de su nombre, y por el señorío que sobre él tuvieron los nobles La Cerda, permaneció incluido hasta el siglo XIX. En este lugar nació el famoso historiador molinés y escritor muy renombrado del siglo XVIII, don Gregorio López de la Torre y Malo que pertenecía a la familia de los López Mayoral, ricos ganaderos, de Mazarete, y de los de la Torre y Malo de Molina y Concha.

Queda su casa viva, aunque bastardeada por reformas, y aún se ven en ella detalles de lo que fue un edificio del siglo XVII con magnífica portada de líneas clásicas y tallados sillares. Aun dentro del sentido popular que encierra, es obra que pretende imitar modelos señoriales. En su frontón triangular y en el friso o arquitrabe, muestra tallas alusivas a la ocupación ganadera de sus constructores y dueños (una cabeza de vaca, dos ovejas, un enorme caldero,

un cayado, una pica y aun dos caballos enteros) y el nombre del primero de ellos: Gregorio López Mayoral.

Y debe añadirse a su recuento patrimonial el edificio de su iglesia parroquial, situado en lo más alto del pueblo, y consistente en recia fábrica de sillarejo y sillar, en amorfa estructura correspondiente al siglo XVI, sin detalles que reseñar aparte de su puerta de acceso, donde molduras y frisos forman un sencillo conjunto renaciente.

Ablanque

LLEGADOS A ESTA VILLA DE LA SIERRA DEL DUCADO, singularmente nos fijamos en un elemento popular, esencial en su arquitectura rural, vástago de los
viejos tiempos que no se ha dejado perder, y hoy significa una gozosa recuperación de unos modos tradicionales y muy útiles de hacer refugios, para los
pastores y sus ganados. Porque resulta que en Ablanque se ha reconstruido,
con toda fidelidad, el que llaman *"Chozón Museo"*, que se encuentra a 2 kilómetros de la localidad, junto al camino de Buenafuente del Sistal. Es el mejor de
una serie de ellos que esperan su hora y su reparo, constituyendo una *"Ruta de
los Chozones"* que se desarrolla a lo largo del río Ablanquejo, entre Ablanque y
el monasterio cisterciense de Buenafuente.

Estos chozones sabineros son unas construcciones populares que abundan, en medio de los campos, en la densidad de los bosques de sabina de los
entornos del Alto Tajo. En la Edad Media ya existían, y es muy posible que
con anterioridad, incluso en los tiempos prehistóricos, construcciones simi-
lares fueran utilizadas por los habitantes de estos páramos. Hoy los vemos
distribuidos por el monte, formando como poblados estacionales: están en
las parameras, o en costanillas, con zonas de agua y pasto alrededor, y con
vistas amplias, estratégicas, en su entorno. Tras la visita al chozón museificado
de Ablanque, el viajero puede seguir otras rutas en el término que le llevarán
a ver más ejemplares –algunos necesitados todavía de reparos– y así llegar
hasta la Peña del Escalerón, cruzando parajes idílicos junto al río Ablanquejo,
siempre andando, o en bicicleta.

Afortunadamente, Ablanque es un pueblo que, si no próspero, al menos
sobrevive con dignidad y animada población (hay censados en torno a 65,
aunque los fines de semana y en puentes y vacaciones se multiplica por tres)
añadiendo estas filigranas sociales de recuperación patrimonial y ambiental.
Podría tratarse incluso de un ejemplo para otros que andan en la vía del desmantelamiento.

Destaca sobre el conjunto bien armonizado de todo el caserío, su iglesia
parroquial, grandioso edificio de los siglos XVI-XVII, construido con sillar y
sillarejo, con torre a poniente y buena portada de decoración renacentista en
el muro del mediodía. La ermita de la Virgen del Buen Labrado es obra del

siglo XVII (1636) y de grandes proporciones, con atrio porticado protegiendo la puerta principal, que es un arco de medio punto. Hasta ella llegan los ablanqueños en romería anual.

Históricamente perteneció al Común de Villa y Tierra de Medinaceli, desde la reconquista a los árabes de toda esta comarca serrana, concretamente en el siglo XII. Posteriormente, en el XV, pasó a ser señorío de la poderosa familia de los La Cerda, y con ellos se mantuvo en la ancha demarcación del denominado ducado de Medinaceli, hasta comienzos del siglo XIX.

Laranueva

HAY MUCHOS LUGARES COMO ESTE. Laranueva está en ese altiplano meridional del Señorío antiguo de los Medinaceli, en lo que fue su tierra, su Sierra del Ducado. Se creó en la repoblación que los Lara, grandes señores del Medievo, hicieron a partir del siglo XII por aquellas alturas de la vieja Celtiberia, que tras los romanos, los visigodos y los árabes, había quedado desierta. Nada se cultivaba en aquellas alturas, nadie pasaba por ellas.

Los Lara, señores de Molina, desafiantes y contrincantes de los monarcas castellanos, pusieron castillos en sus fronteras y muchos pueblos llenando las sesmas de su territorio. Una puebla nueva (en el siglo XII) fue esta, a la que llamaron "Lara nueva", y ahí quedó, solitaria y fría, creciendo siglo a siglo. Siempre con pocos habitantes: en el XIX tenía 150, y hoy no llega a 25. Es otro de estos lugares mínimos y silenciosos, en los que se acusan los estragos de la despoblación.

Tiene, eso sí, algunos lugares de interés, además del propio pueblo. Desde el Picón se divisa el término entero (hoy ya incluido en el municipio de Torremocha del Campo); en el Rebollarejo y en el Corral de los Moros puede uno encontrarse con bosquecillos de robles que apenas pasan de ser rebollares y cascajales. En el Cubillo vemos espacios de antiguas culturas, y en la Perrera y el Pozuelo se encuentran fósiles. Testigos de una larga vida.

En el pueblo, sin embargo, siempre nos fijamos en el caserón de los Manrique. No es muy antiguo, apenas 3, ó 4 siglos. Con su escudo que muestra castillos, leones y flores de lis, a lo grande todo. Con sus volúmenes generosos, sus molduras en torno a los vanos, sus aleros minuciosos. Monés ha escogido este edificio como símbolo de Laranueva, y de la meseta entera.

A pesar de su habitual silencio, los muros de sus casas cuentan la vieja historia del lugar: tras la reconquista de la zona quedó incluida dentro de los límites del primitivo Señorío de Molina. Pero en el reajuste que de este territorio se produjo al pasar su señorío al rey Sancho IV a finales del siglo XIII, quedó comprendida como aldea del Común de Medinaceli, pasando luego al señorío de los La Cerda, y quedando así engarzada en el ancho territorio del ducado de Medinaceli, que ocupó gran parte de las tierras norteñas de la Meseta Inferior, en la provincia de Soria primero, y luego pasando a formar parte de la actual provincia de Guadalajara.

Los paturros, que son quienes la habitan, tiene por prez su iglesia, dedicada a Santa María Magdalena, que es de estilo románico: originalmente construida en la segunda mitad del siglo XII, ahora presenta sobre su muro de poniente una esbelta espadaña de época barroca, con bordes cóncavos que sujetan en lo alto un pequeño cuerpo superior en forma de campanil con pináculos laterales. Orientada al sur está la puerta de entrada, precedida de un pórtico cubierto, cuyo ingreso consta de un arco semicircular baquetonado cuyos arcos apoyan en sendos capiteles de tema vegetal, así como otros vanos laterales semicirculares, actualmente tapiados. La estructura de esta galería porticada era muy sencilla y minúscula. A cada lado de la puerta aparecían dos vanos cubiertos por arcos semicirculares de arista viva, que descansaban sobre capiteles de sencilla decoración vegetal muy esquemática. Los arcos orientales fueron suprimidos, y los occidentales permanecen, aunque tapiados. Los capiteles de esta galería porticada, sin embargo, no se han perdido: se conservan en el interior del templo, sirviendo de soporte al púlpito.

Al interior se penetra a través de un portón románico muy sencillo, y una hermosa pila bautismal de borde abocelado y adornada con gallones rematados en arquitos de medio punto, se encuentra en el interior.

Poyos

F<small>UE ESTE UN PUEBLO DE LA PROVINCIA DE</small> G<small>UADALAJARA</small>, situado en la más pura Alcarria, que dejó de existir al ser inundado el término, y el caserío, por las aguas del río Guadiela cuando en 1956 se inauguraron los embalses de Buendía (este sobre el río Guadiela) y de Entrepeñas (sobre el Tajo), a caballo entre las provincias de Guadalajara y Cuenca. Su término pasó a pertenecer al municipio de Sacedón, y cuando en 2003 escribí la historia de este pueblo alcarreño, tuve oportunidad de hablar con gentes que procedían de Poyos, y ver muchas fotografías tomadas en el lugar.

Eran años de silencio, y sus habitantes fueron enterándose de la construcción de las grandes presas, que entonces pasaban por ser el mayor complejo hidrológico de Europa, a través de recados personales, rumores, y atisbos de las obras. Nada pudieron hacer por evitar ese esquilmo, y se conformaron con recoger algún dinero indemnizatorio por los campos de que vivían, y una humilde casa nueva lejos de su entrañable hogar.

En 1956 fue inundado el pueblo, al subir las aguas del embalse de Buendía, las del río Guadiela. Fueron 110 las familias que allí vivían, y que hubieron de ser realojadas en casas que el Estado había levantado previamente para ellos, en estos lugares: 50 familias fueron realojadas en el poblado de San Bernardo, delante del antiguo monasterio cisterciense de Valbuena de Duero, en la provincia de Valladolid. Otros 50 fueron a Paredes de Melo, cerca de allí, en Cuenca. Pero 5 fueron llevadas a Guma, en La Cid y Barrios, Burgos, y otras 5 más a Cascón de la Nava, en término de Villaumbrales, Palencia. La diáspora no impidió que todos mantuvieran relaciones de amistad y recuerdo a lo largo de los años, y no hace mucho que un verano llegaron a reunirse, junto a la ermita de San Andrés, en la orilla del pantano de Buendía, unas 600 personas que tenían por ancestros familiares los que fueron desalojados de Santa María de Poyos mediado el siglo XX. Todavía cada cuarto domingo de septiembre se celebra romería y reunión en torno a la ermita de San Andrés, que la Confederación del Tajo construyó para rememorar el lugar donde estuvo Poyos. También debe saberse que muy cerca de allí estaba un lugar muy especial, cargado de historia y brillos: el Real Balneario de la Isabela, que se había ido construyendo poco a poco desde

principios del siglo XIX, para que pasaran en él algunos veranos la familia real de Fernando VII con su esposa Isabel de Braganza, en cuyo honor se le dio nombre. Lugar fértil, hermoso, elegante, hasta esos mismos años de mediado el siglo XX siguió sirviendo de espacio veraniego para clases acomodadas. Todo desapareció bajo el pantano, reapareciendo su esqueleto cuando las sequías vienen duras y el nivel de las aguas se contrae.

El dibujo de Monés se desarrolla sobre una antigua fotografía que hizo Tomás Camarillo cuando el pueblo todavía no había sido engullido por las aguas. Tomás Camarillo (Guadalajara, 1879-1954) legó un importante conjunto de fotografías hechas antes de la Guerra Civil, y que reflejan la forma de vida en los pueblos de la provincia durante los primeros años del siglo XX.

Villaescusa de Palositos

SI HUBIERA QUE LANZAR A UN SOLO PUEBLO COMO PARADIGMÁTICO de este encuentro de silencios que es la Guadalajara Vaciada, debería elegirse sin duda a Villaescusa de Palositos, ya que en este lugar de la profunda Alcarria se han dado todas las condiciones para el asombro y el horror: un pueblo que en los años cincuenta del siglo XX tenía aún vida (maestro, cura, lavanderas, fiestas, navidades y misas del gallo, bodas y bautizos, ilusiones y duelos) y que ha quedado arrasado, destruido, borrado hasta sus cimientos, quedando convertido en finca particular, vallado, cerrados sus caminos de acceso con candados, y dejando su iglesia, románica y declarada monumento nacional, aislada, abandonada y en progresiva ruina.

Esto que parece difícil conjuntar en un solo lugar, haciendo de él la muestra más clara y terrible de este problema, se ha dado en Villaescusa. Donde llegué un día de verano de 1990, para contemplar de un lado el abandono al que ya estaba condenado el lugar, por haberse ido todos sus vecinos, y de otro para admirar su iglesia, entonces entera y verdadera. De tal modo que pude escribir estas frases: "En lo alto de la loma donde descansa la osamenta de Villaescusa de Palositos (todo son ruinas, o lo serán muy pronto), se alza aún como en milagro permanente la iglesia que fuera parroquial y hoy es templo abandonado y digno. Se trata de un elemento de arquitectura netamente románica, en un buen estado de conservación y con una estructura que mantiene en toda su pureza las líneas iniciales con que fue construida, aunque a lo largo del eje central del ábside se está abriendo peligrosamente una gran hienda. Pero todo lo demás está limpio y pulcro, como si hubiera sido construido ayer mismo".

Y describía la iglesia de esta manera: "Está orientada de forma clásica. La planta es rectangular, alargada de poniente a levante. La puerta de ingreso, única, está en el centro del muro sur. Sobre el extremo poniente de ese muro se alza la espadaña de tres vanos. Los muros de poniente y del norte están lisos, cerrados herméticamente, sin el más mínimo adorno. El extremo de levante ofrece un airoso y elegante ábside de planta semicircular perfecta, con sendas ventanas, aspilleradas. La central es algo más amplia y tiene una cenefa ancha y moldurada linealmente que cubre el arco semicircular superior y aún se alarga algo a los lados. Las laterales están hoy cegadas.

La puerta de ingreso es simple pero muy hermosa. Se inserta en un cuerpo que sobresale ligeramente del muro del templo. Se forma de un vano semicircular, abocinado en profundidad, con un arco externo decorado con bolas lisas, y luego otros dos arcos de arista viva que a través de una imposta moldurada apoyan en pilares adosados.

El interior es de una sola nave despejada, con tres tramos, algo más corto el occidental, y un ábside elevado y más estrecho que la nave. Esta se cubre de entramado de madera hoy tapado con falso techo de yeso, y el presbiterio con bóveda de cañón de piedra. Rematando todo, un ábside de planta semicircular, también cubierto de bóveda de cuarto de esfera, de piedra. En siglos posteriores se le añadió sobre el costado sur un rudimentario edificio (que no puede ser calificado mas que de feo garito) para servir de sacristía. Hoy le falta el techo. El edificio fue construido a lo largo del siglo XIII o incluso ya en el XIV, aunque es una obra indudablemente románica, que no en otro estilo puede incluirse, pero de una construcción muy tardía. Es de los pocos monumentos románicos que llevan tallado, en un de los sillares de su fachada, el nombre de su autor. Ese "GUILLEM FECIT HIC ECCLESIAE" es tan expresivo… En las piedras bien talladas del ábside se ven tallados múltiples signos lapidarios o "marcas

de cantería" propias de los diversos canteros que las hicieron. Dos signos solamente, aunque muy repetidos, se ven en este templo. Una "A" mayúscula gótica, y una cruz simple".

Ya entonces estaba vacía de todo adorno, cubierto su pavimento de varios centímetros de excrementos de oveja, y en su interior un hálito biológico que nos transportaba a los días de la Creación, de puro auténtico.

Después de eso ocurrieron muchas cosas: tras el abandono, un particular compró el pueblo y lo derribó, levantando en la parte baja unas dependencias para trabajos agrícolas y ganaderos, más viviendas de los empleados. En la parte alta, un palacete de elegantes rumbos. Todo lo valló, incluido el camino de acceso desde las Casas de San Román. Y cuando los hijos de sus primitivos habitantes quisieron volver a visitar las tumbas de su cementerio, se les prohibió con medios contundentes, como por ejemplo algunas patrullas de la Guardia Civil, que impidieron el acceso, o guardas armados puestos por la propiedad.

Se formó un movimiento de apoyo a esta gente, y se estableció desde 2006 una "Marcha de las Flores" que cada primavera llevaba a los nietos de sus habitantes a visitar el cementerio. Cada año una pelea, una indignación y un sentimiento de robo, porque se hurtaba a los descendientes de los villaescuseros la posibilidad de mirar, simplemente, de recordar a sus muertos.

Un paladín de estos empujes fue Carlos Otero Raiz, quien con otros fundó la Asociación de Amigos de Villaescusa de Palositos, que anualmente ha emprendido estas marchas, y puntualmente ha organizado numerosos actos, programado escritos y removido conciencias para que este caso sangrante del abandono y la usurpación no quedara olvidado. Hay una página de obligada visita para saber todo lo concerniente a Villaescusa de Palositos: www.villaescusadepalositos.es en la que continuamente actualizados aparecen recuerdos, noticias, proyectos y posibilidades. Incluso en 2008, editado por Aache, apareció un libro hermoso titulado "*Villaescusa de Palositos. Imágenes para el recuerdo*" en el que textos y fotografías se aunaban para recuperar vida de aquella aldea desaparecida.

El ejemplo de Villaescusa es quizás el eje de este libro, y con estas imágenes magistralmente evocadas por los lapiceros de Isidre Monés se trata de rendir el tributo que merecen estos pueblos, vaciados ya, y sus gentes, que a través de sus descendientes continúan evocando aquellos lugares que fueron parte de una Guadalajara viva, y hoy callada.

Torronteras

FUE TORRONTERAS UN LUGAR QUE YA ERA VIEJO, y estaba medio abandonado, cuando todavía tenía habitantes. Nunca tuvieron luz eléctrica, lo que unido a la falta de una carretera que sacara a los marusos de su aislamiento, hizo que la gente fuera tomando la determinación de emigrar en busca de un mejor medio de vida. Primero fueron las chicas jóvenes que se iban yendo a servir a las capitales y buscaban trabajo al hermano o al novio en las fábricas o en la construcción, cuando no eran estos mismos los que al cumplir el servicio militar, veían otro medio de vida en la capital y ya no volvían al pueblo. Todos ellos acabaron más tarde arrastrando a los padres hacia los lugares a que habían arribado, con lo que en la década de los 60 ya Torronteras agonizaba. Sus gentes se repartieron por Guadalajara, Madrid, Valencia, Barcelona y Zaragoza, entre otros lugares. Y el fin de la función llegó en 1969, cuando se marcharon los últimos vecinos que quedaban en el pueblo: por un lado el matrimonio formado por Faustino y Rufina y por otro lado Mariano "El Chato".

Pero no duró mucho ese silencio absoluto. La soledad del pueblo y el entorno desapareció en el año 1976, cuando hasta allí llegó "el austriaco" (Christoph Gaupp-Berghausen) con su familia, que iban buscando vivir en paz y en total aislamiento de la sociedad. Les costó encontrarlo, pero ese era su sueño: Torronteras vaciado. El austriaco fue comprando varios edificios y viviendo de los animales y de lo que cultivaba, y de esa manera han pasado más de cuarenta años. En la actualidad Christoph es productor de una magnifica y exquisita miel y ha remodelado casi todos los edificios de Torronteras, que en verano aumenta su población, pues el pueblo va estando encauzado para recibir visitantes venidos de todas partes del mundo que celebran allí seminarios, talleres y reuniones espirituales entre otros eventos.

Para saber más a fondo sobre la historia de Torronteras es obligada visita la página web que Carlos Otero lleva manteniendo y actualizando durante años sobre este pueblo y el cercano Villaescusa de Palositos en un impagable trabajo. Página de una grandísima calidad donde encontramos la historia de estos pueblos, fotografías antiguas, documentos, escritos y recortes de prensa de la época: www.villaescusadepalositos.es.

De esta manera, y a pesar de estar incluida sin remedio en esta "Guadalajara vaciada", Torronteras mantiene un latido, se la escucha, y se la muestra en estos dibujos de Monés, que la retratan en su dramático simbolismo.

Matillas

Junto al río Dulce, que desde la secas alturas del Ducado baja hacia la riente vega del Henares, en un altozano asentó desde hace siglos esta villa, que ahora cada día mengua, y deja caer un muro, una puerta, o una silueta de las que sonaban a vida. Hoy nada suena allá arriba, si no es el viento crudo.

La pequeña población de Matillas formó parte primero de la jurisdicción de Atienza y finalmente del término de Jadraque. Está sobre una colina en el llano, a 25 km de Sigüenza. En su término se han hallado restos de mosaicos y villas romanas, y hubo combates en las guerras de Sucesión y primera Carlista.

Según el Diccionario de Madoz (1845-1850), en este lugar había 59 habitantes y una fuente, un molino harinero, una venta y un ventorrillo, así como producción de trigo, cebada, centeno, avena, garbanzos, almortas, leñas de combustible y buenos pastos para el ganado lanar. También había huertas alrededor, frutas y buena pesca en el Henares.

Sus habitantes se mudaron poco a poco desde sus casas para fundar otras junto a la estación de ferrocarril, que estaba a poco más de un kilómetro. Además influyó considerablemente la instalación junto a la misma de la fábrica de cementos Portland en 1904. Cuenta Mario M. Relaño que se construyeron viviendas alrededor de la zona, conocida como "La Estación". Su prosperidad y el consiguiente desplazamiento de población hicieron que la vieja y abandonada Matillas le cediera su nombre.

Apenas quedan hoy en día unas pocas casas en pie en Matillas "la vieja". Su iglesia parroquial, dedicada a Nuestra Señora de la Blanca es una sencilla construcción de origen románico que se encuentra en ruina total. Por esta razón incluyo este texto, haciendo de este lugar un símbolo de bastantes pueblos que se van despoblando y arruinando en Guadalajara.

Cerrada la fábrica, hace poco un empresario decidió instalar una industria de lino en su antigua fábrica de cemento.

Del periodista Luis Monje Ciruelo, que recorrió Guadalajara entera durante los años de su vigencia social, son estas palabras que puso en su libro
"Clamores por los pueblos muertos": *Con cierta timidez, como quien invade el hogar ajeno, fisgoneamos en las casas vacías. Las cocinas estaban llenas de escombros y restos
de menajes. Habían desaparecido los llares, que se ennegrecerán ahora en otros fuegos. Por
desvencijadas escaleras subimos al primer piso. Aun se veían algunas camas de hierro, sin
boliches ni jergones. En las trojes de las cámaras, añorantes de trigo, había botellas sucias,
tejas caídas, amplios boquetes en el techo. En una colgaban aun de un clavo unas abarcas
rotas de suela de neumático. Llevarán allí abandonadas por lo menos quince años, tiempo
que hace que se marchó el último vecino del pueblo.*

*Se encoge el ánimo al entrar en las cuadras solitarias, sin la tibieza de los animales y
del estiércol. El cielo raso del templo empieza a derrumbarse dejando ver las vigas del techo,
como cuadernas de un barco al revés. De las puertas están desapareciendo los herrajes, el
cementerio es puro herbazal en cuyas paredes se empiezan a abrir portillos. La escuela está
llena de paja podrida y apenas se adivinan dos o tres encerados. El camino desde el viejo
pueblo a la Estación ha sido borrado por la hierba.*

La Golosa

Por los llanos alcarreños de El Berral, entre Fuentelencina y Berninches, sobre un calvero descarnado, aún se puede ver (y aún admirar, que hay gente rara que lo hace) el ruinoso acúmulo de piedras que en su día, en su siglo, conformaron la iglesia del pueblo de La Golosa.

Era La Golosa una pequeña población perteneciente a la Orden de Calatrava cuyos restos se encuentran en lo alto de una loma al sur de Berninches, en la parte alta del arroyo de La Golosa. Puede verse al lado derecho de la nueva N-320, según se sube la cuesta que hay tras la desviación hacia Berninches, desviación junto a la que está la ermita del Collado.

Creada tras la reconquista, pertenecía a la Orden de Calatrava y era gobernada por la misma desde el castillo de Zorita, a cuyo alfoz pertenecía desde el siglo XII. Fue despoblada en 1391 por efecto de la Gran Peste de 1346, que la hizo desaparecer (o influyó en ello) junto con hasta otros dieciséis poblamientos en el alfoz de Zorita, quedando sólo dieciocho lugares poblados que han continuado hasta la actualidad.

Los últimos cuatro vecinos que quedaron en La Golosa, no pudiendo por sí solos pagar los impuestos a que estaba obligado el lugar, pidieron permiso al Maestre de Calatrava y se unieron a Berninches. El cronista Juan Catalina García López informa de bastantes pleitos debidos a la anexión, todos por motivos económicos, desde 1392 hasta 1638.

La Golosa tuvo una iglesia de estilo románico. En la *Relación* de Berninches, de 1580, se dice *"Que no ay más de una iglesia parroquial de la advocacion de nuestra Señora de la Asuncion, y una iglesia anexa de la golosa (Santa Maria de La Golosa), media legua de esta Villa."* Esta iglesia de Santa María de la Golosa fue usada como tal, al menos, hasta el siglo XVIII.

Hay constancia de que el ábside situado a levante, y una segunda puerta, aún existían al comienzo del siglo XX. Catalina vio la cornisa del tejado apoyada en canecillos, con la capilla mayor separada del resto de la única nave por un muro de sillarejo en que se abría un pórtico con arco de medio punto. No hay rastro de elementos ojivales, por lo que tiene que haberse construido antes del comienzo del siglo XIII. Se conservan sus muros de mampostería y

el arco semicircular de su puerta meridional, formado por sencillas arquivoltas que apoyan sobre capiteles que han perdido su forma.

Han desaparecido el techo y el ábside. Pueblo e iglesia de La Golosa fueron fuente de material de construcción para los pueblos vecinos.

Se han realizado excavaciones arqueológicas en La Golosa y en el libro *"Tres Estudios sobre La Golosa"* (1991) se hace una reconstrucción de su iglesia románica con su espadaña de sillarejo, injustamente olvidada en muchos libros sobre la arquitectura románica de Guadalajara.

Y no es que este pueblo que fue pertenezca a la Guadalajara Vaciada. Es que viene a ser la demostración de otra terrible ola de desasosiego y muerte que en plena Edad Media arrasó Castilla, como lo hizo con Europa entera: la peste negra que se llevó millones de seres humanos, dejando vacíos los pueblos, y estos de la Alcarria también, aunque rescatemos aquí su recuerdo.

(Datos tomados de la obra *"Patrimonio desaparecido de Guadalajara"* de José Luis García de Paz. Aache Ediciones. Guadalajara, 2014).

Castilmimbre

ACIERTA MONÉS AL RETRATAR ESTE ESPACIO, que a las puertas está de la "Guadalajara vaciada", con esta imagen que retrata lo que era este pueblo hace 50 años: un entrañable lugar de la Alcarria lleno de vida, de laboreo, de trajinares... la mujer y la mula, pasando ante la picota de piedra caliza, tallada siglos antes, testigo de la rutina y el conformarse. Pero el pueblo se ha ido vaciando sin remedio. Mediado el siglo XIX tenía 223 habitantes. En 2013 tenía 16 habitantes. Ahora no llega a 15. Es hoy una pedanía de Brihuega, que además pilla lejos.

Dice así la *"Crónica y Guía de la provincia de Guadalajara"*: "Se sitúa sobre empinada cuesta y oterón sobre el valle del arroyo de Pajares, uno más de los muchos que surcan y ahondan la alta y vasta planicie de la Alcarrria. Cubren sus vertientes chaparrales y olivos, y en el fondo surgen las colecciones de chopos, los huertos, las fuentes. El antiguo nombre de este pueblo fue el de Bembibre del Castillo, pues en su posición fuerte dominando el valle debió existir algún torreón o castillete de vigía.

Perteneció desde la reconquista al señorío feudal que Alfonso VI creó y donó a los arzobispos de Toledo, con cabeza en la villa de Brihuega. Como aldea suya prosiguió largos siglos, utilizando su Fuero y estando bajo su jurisdicción. De ella, y del señorío eclesiástico, fue apartada en el siglo XVI por Felipe II, vendiéndosela al caballero santiaguista don García Barrionuevo de Peralta. Pero pronto se apartó de este señorío, y se hizo villa por sí, reconociendo desde los últimos años de dicha centuria el único señorío y autoridad de los Reyes de España.

En la empinada plaza del pueblo, se alza una bella picota, que lleva grabada la fecha de 1747, que recuerda el año de su declaración como villa. En lo más alto del lugar, asienta la iglesia parroquial dedicada a la Asunción de María; ante ella se abre un atrio descubierto rodeado de barbacana de piedra desde la que se contemplan hermosos panoramas. La iglesia es elemento muy sencillo del siglo XVI, con portada semicircular de moldurajes.

Es costumbre viva todavía, en este pueblo, la «*quema del Judas*» el domingo de Pascua. La noche antes, se fabrica un gran muñeco, con ropa vieja y relleno de paja, que se cuelga de la picota, junto a unos «*huevos de pascua*». El domingo

se quema el fantoche, que dicen representa a Judas, y se comen los huevos los que alcanzan a subir hasta ellos. Es también curiosa de contemplar la «*procesión del Encuentro*» que se celebra el mismo domingo de Pascua, en la que por parte de varias mujeres de la localidad se cantan diversas estrofas en honor de la Virgen, que se conocen como «*echar la palomita*».

Valdelagua

AUNQUE VALDELAGUA FORMA PARTE, SIN DUDA, de la Guadalajara vaciada, hoy puede llegarse al lugar, que forma parte del municipio de Budia, en la Alcarria del Tajo, gracias a una carretera asfaltada. Subiendo la cuesta de la CM-2013, desde Budia, y tomando a la derecha la salida de la GU-902 en dirección a Brihuega, cien metros después de dejar a la izquierda el Santuario de Nuestra Señora del Peral de la Dulzura se inicia la carretera que lleva, atravesando campos de trigos y un pinar, hasta esta localidad, que a día de hoy está vacía de gentes, aunque no abandonadas sus casas, puesto que todas están reconstruidas, tienen dueño, y muy a menudo se ocupan como lugar de descanso, y quizás de meditación.

Porque a meditar invita este rincón alcarreño, aislado entre una densa vegetación de chaparros, pinos y quejigares. Un lugar que antaño fue pueblo, y aun villa, con jurisdicción propia, como lo delataba la existencia de un rollo o picota que hasta no hace mucho estuvo erigido en un costado del pueblo.

La situación de este enclave, por demás pintoresca, está concretada en un vallejo suave, que corre hacia el Tajo desde la meseta alcarreña. El pueblo, a pesar de su vaciamiento, ha vuelto a verse habitado por gentes propietarias, si no de asiento, sí por temporadas y fines de semana, y ha vuelto a resurgir, por el arreglo de algunas casas y de los edificios comunales.

El valle en el que asienta, y que se llama el Vallejo de las Huertas, se ahonda con fiereza al paso de la localidad, y se convierte casi en una hoz que separa al pueblo en dos barrios, solo comunicados por un puente en la parte alta. Los cerros que le protegen son llamados de Valdedurón, las Peñas y el Cerrillo Cizo. Dicen que es sitio frío a pesar de su abrigo, porque el cierzo se cuela por ese profundo valle.

Además del lavadero, yo destacaría como patrimonio a considerar la iglesia parroquial, hoy en ruinas. Con los muros intactos, sí, la fachada entera y su puerta cerrada, pero sin cubierta. Es un elemento singular y hermoso, de estilo románico, aunque con reformas posteriores. De lo medieval muestra la silueta de su gran espadaña, orientada a poniente, de remate triangular, y con hueco para las campanas. Toda su fábrica es de piedra caliza, con un color rojizo que la confunde con el terreno. Está en lo alto y tuvo al sur un atrio, y

al norte un cementerio, que ha ido progresivamente escurriendo por la cuesta, y hoy amenaza también con venirse rodando al profundo lecho del barranco.

En la parte baja está la ermita, perfectamente restaurada, y una fuente con lavadero. Hay un viejo molino de aceite, a la entrada, más un horno y un viejo edificio de concejo, muy alcarreño en consistencias de arcilla rojiza, maderas y argamasas que le sostienen. Delante del concejo, se levantaba la picota, símbolo evidente de su categoría de villa. Sobre unas gradas de piedra bien tallada, lucía el pináculo de piedra gris, de fuste cilíndrico, y posible remate en capitel del que saldrían, a los cuatro vientos, los elementos que denotaban la universalidad de la justicia aldeana. Unos gamberros la tiraron, hace unos años, y hoy no quedan ni los restos.

Vállaga, por Illana

LAS TIERRAS MERIDIONALES DE LA PROVINCIA DE GUADALAJARA, que forman corte y vega al río Tajo cuando empieza a explayarse entre huertas, viñedos y tierras de pan llevar, son luminosas y abiertas. Uno de los municipios más bollantes del entorno es Illana, en los límites de la provincia con las de Madrid y Cuenca.

Este de Illana es pueblo denso todavía, de historias y de gentes, y está levantado en las dos orillas de un profundo barranco que a veces desboca sus aguas. Al arroyo incierto que por el fondo pasa le nombran de la Fuente Vieja, y en las orillas se alzan palacios, una iglesia con mano de Churriguera, y batanes.

Pero siguiendo el valle amable de Aldovera, que está al norte de Illana, y en su término, en dirección a poniente, se pasa primero por la zona de la «Cueva de la Mora», unos cantiles calizos donde se sitúa una curiosa leyenda; luego se cruza por delante de otro viejo caserón semiarruinado al que llaman *las Casas de San Isidro*, y que no es sino una enorme casa de labor en cuyos subterráneos se guardó, siglos ha, el líquido y sabroso producto de las acreditadas viñas de este valle. Poco más adelante, surge una humilde ermita desde la cual, a pie, se puede seguir hasta el borde del río Tajo, ya muy cercano, donde en la confluencia de un barranco y el propio profundo valle del gran río, se alzan las ruinas de la encomienda de Vállaga, también conocidas popularmente como *«las Cuevas del Marqués»*.

Es este un lugar interesante como pocos, un lugar al que conviene ir si realmente a uno le interesa la historia medieval, los edificios defensivos antiguos, la magia de lo ignoto y sorprendente. En cualquier guía de la provincia de Guadalajara, en cualquier tratado de los castillos de nuestra tierra, en cualquier análisis de la historia medieval de la Alcarria baja que se analice, las ruinas de la encomienda de Vállaga no son descritas en ningún caso.

Sobre la parte más alta de una abrupta loma que escolta al Tajo en el lugar en que tradicionalmente existió el vado que lo cruza aguas abajo de Almoguera, en su costado izquierdo, surgen impresionantes las ruinas de una antiquísima edificación, de origen medieval sin duda.

Se trata de una sola nave, alargada, de unos diez metros de ancho, de muro a muro, por unos cuarenta de largo. Lo que hoy se ve nos hace pensar, sin duda, en unas enormes bodegas o «cuevas» de almacenaje de grandes tinajas de vino.

El muro meridional está aguantando al cerro, y el septentrional se alza exento rematando el talud que baja hacia el río. El interior, irregular y elevado por el acúmulo de derribo, ofrece una estructura de nave única alargada con muros perpendiculares que dividían el espacio en ocho tramos. El último de ellos, que parece más bajo simplemente porque mantiene sus cubiertas y no hay en su fondo elementos de derribo, tiene aún el arco rebajado que mantendría su gran bóveda, y en sus paredes laterales se abren a su vez dos espacios abovedados, con arcos semicirculares de ladrillo, con un aspecto de potencia y grandiosidad poco usuales, pero que sin duda tuvieron por misión guardar enormes tinajas.

Desde la orilla del río, estas ruinas de «las Cuevas del Marqués» de Illana ofrecen un aspecto de castillo medieval, y que posiblemente lo fue en sus orígenes, pero lo que hoy se ve nos hace pensar en que su última utilización, hace ya muchos años, fue de simple bodega. El lugar, eso sí, estratégico desde la Antigüedad, y crucial en los días de luchas armadas en la Baja Edad Media, corresponde a la encomienda de Vállaga, de la que posiblemente antes fue sede fortificada de sus comendadores y caballeros calatravos.

Y aunque Illana no pasa actualmente por la inminencia de la despoblación, sí que puede ser incluido en el relato de vacíos este paraje de su término, porque en él, hace un par de siglos, hubo vida, y prosperidad. Y hoy en silencio nos señala con su largo dedo de piedras y malvas. Quieto. Y vacío.

Óvila, por Trillo

EN TÉRMINO DE TRILLO ESTÁ ÓVILA. Un lugar, hoy vacío, en medio de los campos de tomillar y espliego salvaje. En medio de la Alcarria más honda. Si Trillo anda lleno de gente, de vida y presupuestos, Óvila se ha quedado muda, silenciosa y como esperando que alguien venga a llorar sobre sus ruinas. Es el perfecto ejemplo de la deriva de nuestro país, antaño floreciente, rica, nombrada. Y vacía más olvidada tras el paso de los depredadores, de los chamarileros patrimoniales que fueron capaces de vender un monasterio cisterciense y su glorioso sonar de campanas a los poderosos yanquis que apetecían poner en su mesa un incunable, una campana, y un artesón mudéjar. O un monasterio entero, como quiso hacer el magnate de la prensa sensacionalista William Randolph Hearst, cuando en 1931 se compró entero este monasterio de Óvila para rehacerlo en su mansión californiana.

Es la prueba más clara de este mal que nos aqueja: el olvido. A Óvila se la ha estudiado por todos lados. Layna Serrano, el cronista provincial de Guadalajara que veraneaba en Ruguilla, le dolió saber que en 1931 se iba a desmantelar este monasterio, para llevarlo piedra a piedra hasta San Francisco en California. Lo estudió, lo visitó, lo fotografió, pero no pudo evitar su pérdida. Un libro, y luego varios libros escritos por arquitectos, estudiosos y amantes de su patria fría. Poco más ha quedado. Por eso conviene, aunque sea en breves líneas, dar la memoria de este cenobio bernardo que sirvió, en la orilla derecha del río Tajo, para ponerle fronteras a Castilla.

Es en 1186 cuando tenemos pruebas de que existe Ovila, monasterio al que el rey Alfonso concede múltiples donaciones y acrecentamientos, a los monjes blancos que inicialmente habían acudido desde Valbuena. El primer abad de Ovila fue don Esteban, y el fragmento del documento de Alfonso VIII en que certifica esta fundación dice así: *dono et concedo Deo et ordini cisterciensis et uobis Stephano abbati ac fratribus vestris Ovila in ripa fluminis qui dicitur Tagus, prope Castellum quod uocatur Las Pennas Dalcalathen, ubi iam constructum in honore Dei et beate virginis Marie, sub regula cisterciensis.* En ese momento, en 1186, se inician las obras de la abadía, de sus dependencias monacales, claustro e iglesia, que a lo largo de los siglos irían sufriendo sucesivas reformas, siempre para mejorar.

Los primeros bienes de los monjes consistieron en censos y diezmos de Ruguilla y Huetos, algunas yugadas de tierra en Gárgoles, un molino en Sotoca y dos en Carrascosa, además de una gran heredad en Padilla del Ducado y otra en el lugar de Cortes. Todos los acrecentamientos materiales que se le sucedieron al monasterio de Ovila tuvieron su base en la comarca circundante, en la que llegan a tener el señorío de pueblos enteros, la propiedad de tierras y utilidades, amén de la concesión de una innumerable secuencia de censos, impuestos y frutos. En la baja Edad Media se consolida este poder material del monasterio de Ovila.

Todavía en el siglo XIII los reyes autorizan a los criados del cenobio a cortar leña y madera en los bosques regios y en territorio conquense, y ordenando que los ganados de los monjes puedan pasear libremente por los territorios donde lo hacen los del rey. Pero fue ya en el siglo XV cuando Ovila comenzó su lenta y permanente agonía. Incendios, desamparos, aprovechamientos excesivos de sus propios abades…

Tras la Desamortización, Ovila quedó abandonado. Se dispuso el paso de muchas de sus joyas artísticas a las iglesias parroquiales de los alrededores, sobre todo de Ruguilla, Huetos, Sotoca y Carrascosa. Otras muchas, su biblioteca magnífica, sus archivos, etc., fueron robadas impunemente, y malvendidas. El importante "Cartulario del monasterio de Ovila", grueso volumen manuscrito en el que aparecen copiados los documentos reales de la Edad Media concediendo favores y privilegios al monasterio, permanece en manos particulares, lo mismo que el "Abadologio" de Ovila, en el que se reseña amplia y minuciosamente la serie de frailes que le dirigieron y habitaron a lo largo de los siglos, que en forma de cuidado volumen manuscrito permanece hoy en la abadía cisterciense de Osera (Orense).

De su figura recia, pétrea, parlante de oraciones, solo queda medio claustro, del que se conservan las arcadas externas, habiendo desaparecido, desmontadas y trasladas también a América, sus cubiertas de crucería ojival. El claustro que hoy vemos se construyó hacia 1617, y presentaba una estructura de extremada sencillez, con doble arquería formada, a cada lado, por cinco arcos semicirculares sobre pilares cuadrados y dos arcos más estrechos a los extremos, sin adorno alguno, a excepción de sendos entablamentos lisos dispuestos sobre las respectivas arquerías.

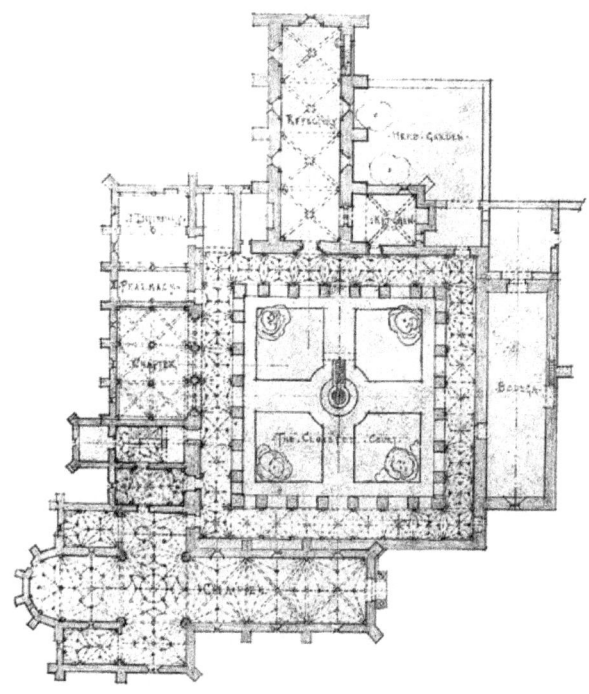

Sopetrán, por Hita

EN LA ORILLA ARBOLADA DEL RÍO BADIEL, que es un afluente del Henares, con sabor a espárragos y a miel, álzase la ruina solemne (que siempre es triste, además) de un viejo monasterio benedictino, que tiene tanta historia encima como la de esta patria a la que centra. Ocupado de eremitas altomedievales, de sones visigodos, de razzias musulmanas, de repetidas refundaciones benedictinas, hoy ha llegado a ser esto, ejemplo del devenir de las rancias propuestas: una ruina sin más, un lugar de evocación en medio del silencio de una campiña en la que solo el agua, cuando llueve, y los pájaros, cuando la primavera, le dan vida y sonoridad.

La abadía de Sopetrán se puso en término de Hita, y aunque están sus tapias fronteras a la villa de Torre del Burgo, es a la historia de Hita a la que pertenece. Tiene en su derredor algunos campos de patatas y espárragos. Hay trigo y colmenas en el entorno, y pasan los coches por la cercana carretera, pero el sitio no deja de ser una parte nítida de la Guadalajara vaciada, cuando se queda, al atardecer, insonoro y blando el aire en el que cuelgan pinceles de artistas, rezos de monjes, una recua de viajeros que va a Navarra...

Los romanos usaron un camino que pasaba por Sopetrán. El nombre ("bajo la piedra") puede derivar de su localización cerca de la gran "piedra vigilante" que siempre fué el cerro de Hita, ya utilizado por los romanos para establecer una estación de la calzada que desde el Henares subiría a las parameras alcarreñas, y que llamaron "Petra Amphitria". El historiador del monasterio, fray Antonio de Heredia en el siglo XVII, nos ofrece una panorámica visión de todas las etapas que este antiguo cenobio vivió a lo largo de los siglos.

En el año 611 sería fundado por el rey Gundemaro, y terminado por Chindasvinto, vendría finalmente a ser destruído por los árabes, poco después de su entrada en la Península, en el 728. En un segundo intento, sería edificado nuevamente por los mozárabes de la Alcarria, con el apoyo de San Eulogio, en el 847, viniendo a poblarlo en esa ocasión algunos monjes del convento agaliense de las cercanías de Toledo. Destruído luego por el rey moro Adafer, sería la tercera fundación atribuída a un príncipe islamita toledano, concretamente Haly Maimón, hijo del rey Almamún, quien en el año 1055 fue protagonista de un portentoso milagro que supuso acentuar el valor cristianomozárabe del lugar.

Así lo cuentan los antiguos cronistas: regresando este príncipe a la ciudad del Tajo, arrastrando enorme cantidad de prisioneros cristianos hechos en alguna correría por la frontera del Duero, en este sitio se rompieron milagrosamente las cadenas de los cristianos, y la Virgen María se apareció, amparándolos, y admitiendo en su seno al príncipe moro.

La definitiva fundación del monasterio de Sopetrán se debe al arzobispo de Toledo, don Gómez Manrique, cuando en 1372 decidió entregar aquel lugar a la Orden de San Benito, para que lo reedificara y cuidara, manteniendo vivo en el culto aquel enclave de tan larga tradición religiosa y mariana. Los primeros "frailes negros" vinieron desde San Millán de la Cogolla, en tierras de la Rioja. Eran doce, con su abad Martín al frente. A lo largo del siglo XV los abades se fueron sucediendo, con su título concedido de forma vitalicia. Y tras ser amparado el lugar por los Mendoza poderosos, lo que fue esplendor, ceremonia, afluir constante de visitantes y peregrinos durante largos siglos, quedó roto finalmente en 1836, cuando se puso en marcha el mecanismo de la Desamortización de bienes eclesiásticos dictado por el ministro liberal Mendizábal. Por tener entonces menos de 12 monjes, fue suprimido, y el edificio y sus pertenencias inlcuidas entre los bienes propios del Estado. Se sacó pronto a pública subasta, en un valor de algo más de dos millones y medio de reales. Finalmente, en 1847, fue adjudicado por 210.100 reales tan sólo al vecino de Guadalajara Camilo García de Estúñiga, quien pudo pagar tan poco alegando, como así era, que en ese año Sopetrán era ya *solamente un solar y las paredes maestras*. El expolio fue rápido y completo.

Hoy apenas vemos un edificio enorme y desmantelado, con los techos cayéndose y los muros inestables. Dentro, un claustro que se conserva completo, al menos en sus columnas y arcos, joya del estilo renacentista aunque en su fase de manierismo desornamentado, herreriano y clasicista, propio de los comienzos del siglo XVII. Al norte de este claustro, se conservan algunos restos mínimos de la que fuera gran iglesia monasterial. Debía ser de tres naves, pues en el suelo se observan los arranques de los gruesos pilares de planta cuadrada con haces de tres columnillas en cada cara. Y poco más que decir de todo esto, salvo agradecer a Monés que le haya retratado, en una tarde de soles en decadencia.

Auñón

LA VILLA DE AUÑÓN, DE RAIGAMBRE Y PROSAPIAS, cuenta con historias, personajes, comendadores y fiestas de hondura. Hoy sigue siendo un pueblo dinámico, en el corazón de la Alcarria. Cuenta con una buena comunicación, entre Guadalajara y Sacedón, y allí hay abierta farmacia, colegio consultorio médico, y todas esas cosas que hacen llevadera —sobre todo factible— la vida diaria.

Pero hay un lugar en su término, muy cerca del caserío, junto al río Tajo, que tuvo vida en siglos pasados, que fue el eje de la convivencia de la comarca, el nudo de los caminos, la referencia de todos: viñateros y pastores, mieleros y contrabandistas. El puente romano que decían, el gran hito de los caminos, el lugar por donde se salvaba el hondón del Tajo.

Y aquí aparece ese viejo y solemne puente porque si la villa de Auñón está en marcha, esta vertiente meridional de su término, que la dio vía durante siglos, está apartada de la vista de todos, como escondida: solo se puede llegar a través de un irregular camino que apenas tiene señalización.

El puente de Auñón es una de las paradas obligadas de una posible "Ruta de los Puentes" por el Tajo. Lo encontramos aguas debajo de la presa de Entrepeñas. Está en término de Auñón, aunque realmente pertenece también a Sacedón, cuyo término llega hasta la orilla izquierda. Su longitud es de 88 metros y el ancho del ojo principal es de 11 metros, con 3,40 de ancho de calzada. Es muy bonito, espectacular, tanto por su construcción y estructura, como por el entorno de montañas, acantilados, y rumorosas aguas que le enmarcan.

El Tajo, que es el río más largo de España, tuvo pocos puentes que lo atravesaran, en la Antigüedad. Había uno, y sigue habiéndolo, en Trillo, aguas arriba. Y otro en Zorita de los Canes, bajo el castillo calatravo, aguas abajo. Este desapareció, y hoy solo queda el machón grande de la orilla norte. Más abajo, y en el reino de Toledo, estaban los de Alarilla, los dos de Toledo, el Puente del Arzobispo, el de Alcántara… este de Auñón fue siempre especial, por lo grande y bien conservado. Y porque era el eje de la vida y el comercio de la zona.

Aunque muchos le conocen como "el puente romano", es de origen medieval, y se sabe que ya estaba construido en 1361. Al estar en las cercanías de la vía que unía Sigüenza con la comarca de Cuenca, se convirtió en un un paso muy utilizado durante la baja Edad Media, contribuyendo a que Zorita, perdiendo el tráfico de mercancías por su puente, continuase su declive. También tuvo que ver en el despegue de Pastrana, villa que ayudó económicamente a su construcción, quedando exenta del pontazgo y viéndose beneficiada por el tránsito comercial hacia su mercado. Esto mismo hizo Fuentelencina. Sirvió para atravesar el Tajo entre Sacedón y Auñón, pero de hecho unía dos secciones muy importantes y pobladas de la Alcarria Baja. En 1461 recibió una reconstrucción muy importante. Sufrió luego grandes desperfectos en las guerras de Sucesión, de la Independencia y guerras carlistas, pero en el siglo XIX volvió a recobrar su estilo tradicional.

Su epopeya principal la vivió este puente en la mañana del 23 de Marzo de 1811, cuando *El Empecinado* y el general Villacampa atacaron dicha posición, y después de muy reñido bregar, los enemigos (que era el ejército francés de Napoleón) se recogieron a Auñón, perdiendo muchos heridos y cien prisioneros, salvándose los demás refugiados en la iglesia de la villa por la llegada de una columna de socorro.

Por bajo de él pasaron, durante muchos años, las maderadas y sus gancheros. Los grandes árboles cortados en las bravas sierras del Alto Tajo, una vez limpios de sus cortezas, y formando bloques de difícil manejo por el agua, se dirigían domeñados por los punzones y la sabiduría de los gancheros hasta las remansadas aguas de Aranjuez, donde se sacaban ya de su camino acuático. En este puente de Auñón reposaban las maderadas, y sus valientes madereros… Una vez construida la presa de Entrepeñas, y retenidas en ella las aguas del Tajo, el puente ha quedado en desuso y por desgracia abandonado y olvidado, empezando ahora a notarse ciertos deterioros. Como en expresión elocuente de que por esta raya de la provincia pasa también la frontera de la Guadalajara vaciada.

Tartanedo

APARECE AQUÍ TARTANEDO NO PORQUE ESTÉ DESPOBLADO, olvidado o en franca decadencia. Porque no es así: aquí han llegado los grandes molinos de viento generadores de energía eléctrica, que han puesto una inyección de dinero al municipio y algunos vecinos, aunque esta sea una economía nada sostenible, y que no aporta raíces a la gente para seguir ligada físicamente al pueblo.

Aparece aquí Tartanedo por lo que supone ser representativo de esa España que, habiendo sido rica (de cosechas), sonora (de coplas festivas) y laureada (de personajes, profesores y oidores) es hoy un lugar de silencios y soledades. Apenas le quedan hoy 146 habitantes (y eso contando los enclaves de Concha, Amayas, Hinojosa y Labros, que le rodean y han sido adscritos a su ayuntamiento) porque de chinganos propiamente dichos no quedan viviendo ni 10 familias.

Hay frente a la iglesia, en lo alto de una costanilla, un gran caserón al que llaman Casa Grande o Palacio de los Utrera. Es la evidencia de esta decadencia. Allí vivían, cuando se construyó en el siglo XVIII, un matrimonio rico rodeado de hijos y nietos. Unos y otros fueron a parar a seminarios, facultades y embajadas. De ellos fue don Francisco Javier Utrera quien llegó a Obispo de Cádiz, y aunque la casa la había levantado el padre, desde entonces a este palacio se le nombró "el palacio del Obispo Utrera". Después vivieron en él sus sucesores, hasta hoy mismo, siempre con intelectuales y gentes de pro entre sus descendencias.

Lo curioso es que en Tartanedo quedan todavía en pie otra media docena de palacios de este estilo: aquí nació Sor María de Jesús López Ribas, a la que llamaron "la letradillo de Santa Teresa" porque con la santa de Ávila estuvo toda la vida, sirviéndola de amanuense. Hoy es beata de altares. Y también hubo un cirujano de cámara del rey Fernando VI, Bartolomé Mungía, que de sus dineros pagó el retablo mayor. Una larguísima secuencia de personas que aquí nacidas, de aquí arrancadas, hicieron más grande a la nación hispana. Por recordar a alguien puntero, don Andrés Carlos de Montesoro y Ribas, quien se manejó en el Virreinato del Perú con negocios buenos, hasta el punto de que quiso dejar su memoria impresa en forma de capilla en el lado de la epís-

tola del crucero parroquial, y en sus muros clavados una docena de cuadros representando ángeles arcabuceros, venidos de la mano de pintores virreinales, con un aire barroco que hoy estremece.

De la grandeza de Tartanedo, lugar preeminente de la sesma del Campo en el Señorío de Molina, no se escucha hoy absolutamente nada al atravesar el pueblo. Es una grandeza muda. Pero que al menos ha quedado grabada en la secuencia vigorosa y parlante de un libro que expresa su historia, que describe sus riquezas patrimoniales y se acuerda de las hazañas y progresos de sus singulares hijos. Esa *"Historia de Tartanedo. Una aldea en el mundo (1366-2015)"* fue escrita con tesón y atención por uno de sus más preclaros naturales, el profesor Teodoro Alonso Concha, quien no solo recogió los anales del lugar, sino que los puso en comparación y valor con los del resto del mundo. De su acontecer progresivo, de sus riquezas artísticas, es contundente testigo. Y al mismo tiempo, debe ser aquí recordado su empeño por rescatar del olvido y la ruina el conjunto de ángeles arcabuceros, a los que puso, en verso, color y memoria el cronista guadalajareño José Antonio Suárez de Puga, en un libro memorable *"Los ángeles de Tartanedo"* que formará siempre en el acervo cultural de la villa.

En Tartanedo sigue en pie la gran fuente que pagó su paisano don Vicente Martínez Ximénez, arzobispo en Zaragoza; la fragua enorme reconvertida en Centro Cultural, en el recuerdo de las artesanías de rejas que allí se hacían; los escudos de armas tallados en piedra de los Ibáñez, Alonso, Badiola y Crespo, Ribas y Montesoro, con escudos tallados por casas y palacios. Y aún los ganaderos, muchos de ellos oriundos del País Vasco, que dieron prosperidad a este altiplano molinés, a esta sesma del Campo, hoy tan callada.

Concha

De Concha dice el INE que ya no le quedan habitantes. Que todos se fueron, y simplemente existe el pueblo, vacío de gentes, aunque con una serie, todavía, de buenos edificios en pie. Al borde del antiguo «Camino Real» que desde Madrid conducía a Zaragoza, y resguardado del viento norte por un leve recuesto en el cual asienta, tuvo en lo antiguo, como tantos otros lugares del Señorío molinés, inmensos caudales ganaderos. Y la importancia caminera que su situación le confirió siempre.

Cuando se recorre el pueblo, y se admiran sus edificios, algunos nobles, todos dignos, con tallas, escudetes y aparatosos aleros, sorprende ver la ruina, que toavía se alza en el borde del antiguo camino real, de la casa que llaman *del mayorazgo*, levantada en el siglo XVII por la familia López Mayoral, gentes dedicadas al cultivo ganadero, y con algunos miembros destacados en el campo cultural; en ella vivió don Gregorio López de la Torre y Malo (1700-1769). Aunque nacido en Mazarete, estudiante luego en Alcalá, y abogado en los Reales Consejos en la Corte, López de la Torre se dedicó, en este su reducto de Concha, a escribir sobre su tierra natal, dando impreso en 1746 su más conocido libro, la *Chorográfica descripción del muy noble, leal, fidelísimo y valerosísimo Señorío de Molina*. En su casa se conserva todavía la antañona estructura primitiva: ancho portal con soberbio empedrado de dibujos geométricos. Gran escalera de tramos cortos: cocina típica, y, en la cara meridional, donde estuvieron las cuadras, puerta tallada en sillar montada de balcón con fecha del siglo XIX, y en el interior restos de pinturas en una saleta de recibimiento. Algunas curiosas rejas en los escasos vanos, y un huerto al fondo. Pasé por ella un día, charlando con sus habitantes, herederos solemnes de aquel cortesano, que me mostraron los baules familiares, llenos de papeles, prosapias y cuentas. El recuerdo de todo aquello, siglos amontonados, hidalgos esparcidos, me llena de tristeza la tarde que, por última vez, he recorrido Concha.

Paso luego por la grande y ancha plaza mayor, que asienta en lo bajo. Grandes edificios populares encuadrados fielmente en el modo de construir de la comarca. De siglos anteriores, se ven restos de casonas nobles, reformados portalones adovelados, alguna fachada de ventanas con dinteles tallados. En otra plaza, una gran fuente de principios del siglo XX. En la iglesia parroquial se veían algunas interesantes piezas de arte. ¿Qué habrá sido de ellas, tras la

emigración de sus gentes? ¿Seguirán allí, en esa que se autoproclama "Iglesia de Asilo", las tallas de San Juan, Santo Domingo y San Francisco, que alojaron los párrocos en el amable acogimiento del gran retablo barroco hecho en el siglo XVIII por el artista molinés Miguel Herber? Había otro retablo, al que llamaban de la Virgen del Pilar, que en su predela mostraba a la Virgen María sobre un pilar, teniendo a su izquierda dos mujeres arrodilladas y a su derecha tres hombres en la misma postura, el último de ellos de aspecto infantil. A lo largo de un pequeño friso de esta predela se leía lo siguiente: «*Este retablo hizo a su costa y deboxión el L. D. Gregorio López de la Torre y Dª Francisca Martínez Año de 1737*». El niño se llamaba Joaquín, lo sé cierto, porque heredó el mayorazgo. ¿Qué habrá sido de todo ello?

Chilluentes

S OBRE UNA LOMA, EN EL VACÍO SUSTANTIVO DE LA SESMA DEL C AMPO, territorio molinés, áspero y tierno al mismo tiempo, surge una línea que parece un espejismo: es la ruina de un pueblo, el tembloroso mensaje de un ayer. Ir a Chilluentes ahora es como hacer un viaje al pasado. Donde no hay sonidos, pero se ven cosas. Y algunas se mueven. El trigo, por ejemplo, al atardecer el día, ya en mayo, granado y blanco casi, se espuma como un animalejo con miedo. Aquí nadie pronuncia palabra. Pero hay cosas, más allá, en lo alto: un castellote recio y gris, con hiladas poderosas, con niveles de pisos, con memoria de batallas, de avistamientos, de señales.

A Chilluentes se llega andando desde Tartanedo. Hace ya algunos veranos, en día de tórrido calor, un amanecer fresco y transparente como suele haberlos en el Señorío de Molina, mi buen amigo Teodoro Alonso y yo nos lanzamos a la búsqueda de lo que, en viejos papeles y en hablas populares, deberían ser los restos mínimos de un pueblo molinés que, hace ya siglos, quedó abandonado. Se trataba de Chilluentes.

En Tartanedo, en Concha, en Pardos y Aragoncillo me hablaron de él. Las gentes de Molina, que guardan siempre un caluroso amor entrañable hacia su historia y su pasado, decían de la torre y las ruinas de Chilluentes. En medio de las serranías de Aragoncillo, entre bosques de encinas y trigales, sin caminos posibles de acceso, salvo el caminar constante, debería aparecer el antiguo poblado. Ya decía de él, en 1776, don Gregorio López de la Torre y Malo que «*Chilluentes es un pueblo reducido a nada, haviéndose despoblado el año de 1620. Está al pie de la sierra de Aragoncillo: tiene una atalaya y una iglesia dedicada a San Vicente Martyr ... Chilluentes consta siempre haver sido lugar poblado con bastantes vecinos, por los libros de la iglesia de Concha y por otros papeles jurídicos*».

Los viajeros ven con asombro esta huella insonora del pasado: sobre una eminencia del terreno, se alza la torre que fue fortísimo bastión defensor del pueblo. Sólo quedan tres paredones, habiéndose derrumbado, hace ya muchos años, el cuarto. Venía a tener el torreón unos cinco pisos de altura. El aparejo de la basa, en talud puesto, con sillarejos cruzados en zig-zag, muestra inequívocamente su origen altomedieval. A partir del segundo piso es construcción posterior, medieval, con algunos ventanales y un remate de almenas. En derredor de la torre, abundantísimas piedras, caídas de ella

misma, y provenientes de otras construcciones adosadas, y de casas incluso.

El otro resto visible, por milagro salvado del antiquísimo pueblo de Chilluentes, es la iglesia parroquial, hoy ermita abandonada, dedicada a San Vicente mártir, rodeada de pálido cereal y algunas zarzas. Presenta hundida toda su parte orientada a poniente, en la que iría la espadaña o torrecilla de las campanas. La ermita es de una sola nave, de cubierta de teja sobre armazón de madera de sabina. Los muros, fuertes, de aparejo simple, con sillares bien tallados en las esquinas. El ábside es semicircular, con someros modillones lisos sosteniendo el alero. En su centro estaba el detalle más sorprendente, que era un ventanal aspillerado y de vano semicircular, en cuyas jambas se veían grabadas tres grandes figuras geométricas, como estrellas diferentes inscritas en círculos, obra indudablemente románica, con visos de clara influencia de ese estilo. Lo llegamos a ver ese día, pero ahora ya no está. Lento e inexorable, el tiempo y sus agentes se lo van llevando todo. Como se llevaron también los testimonios del pasado en su interior, donde había restos de la pila bautismal, románica también, de copa tallada en múltiples molduraciones, y en el suelo, dispersos, aparecían, y aun formando parte del aparejo de los muros, como por el bancal corrido y adosado a todo lo largo de nave y ábside, se veían algunas lápidas o estelas funerarias, de tipo medieval, con círculos de piedra en los que estaban inscritos y tallados cruces y círculos varios. De todo ello, solo queda el recuerdo, constatado. Y de todo este vacío, la memoria, y poca.

Hinojosa

AHORA HINOJOSA ES UNA PEDANÍA DEL AYUNTAMIENTO DE TARTANEDO: sus torres se ven, mutuamente, sobre el páramo cerealista de la sesma del Campo del Señorío de Molina. En Hinojosa quedan censadas unas 40 personas, que se multiplican por cinco en el verano.

Desde lejos se ve a Hinojosa, cuando se llega desde la capital, desde Molina. Suavemente acomodada en la falda de un alto cerro calizo de cortadas paredes, al que llaman *«cabeza del Cid»*, pues dice la tradición que en su altura residió alguna temporada Rodrigo Díaz de Vivar, *el Campeador*, en su viaje de Burgos a Valencia. Aunque en realidad lo que allí hubo fue primero, en la Edad del Hierro, castro celtíbero, y luego campamento militar romano que se ha excavado, y bien, recientemente,

Lugar de pro, de animosas gentes, de agricultores y ganaderos que no apuntaban las horas que trabajaban, porque eran todas. Se levantaron, ya en los siglos XVII y siguiente, buenas "casas grandes" coronadas sus fachadas de orondos escudos lambrequinados. Para albergar a esas familias hidalgas, de rancio abolengo molinés (los Malo, los García Herreros, los Ramírez, los Benito) que dieron consistencia al lugar.

Aquí en Hinojosa vivió largas temporadas, escribiendo su famosa «*Historia del Señorío de Molina*», el cronista del siglo XVII, regidor de Molina y capitán de las Milicias del Señorío D. Diego Sánchez Portocarrero. En este pueblo, también, nació don José García Herreros, que alcanzó los cargos de Vicario General e Inquisidor de la diócesis de Murcia a comienzos del siglo XVIII, dejando su memoria tallada en el escudo y la imagen de la Piedad que regaló al pueblo y puso en una ermita frente al rollo jurisdiccional.

Pero si Hinojosa aparece en este libro es para rememorar un lugar que fue y ya no es, **Torralbilla** se llamaba, en medio del sabinar que, denso, va bajando hacia Milmarcos, y luego encaminando sus aguas torrenteras hacia la cuenca del Ebro. Porque ese fue uno de los muchos pueblos que Molina contaba entre los suyos, y al final quedó vacío, hundido, silencioso, salvándose como por milagro, y en forma de ermita aislada, su iglesia parroquial dedicada a **Santa Catalina**.

Isidre Monés nos ha dibujado esta construcción sacra, que impresiona tanto por el lugar en que se encuentra, como por la belleza medieval que, en su sencillez, emana de sus formas y detalles. La ermita de Santa Catalina es un edificio de sillar y sillarejo. Destaca sobre el muro sur el atrio porticado formado por seis arquillos de medio punto con columnas que rematan en sus respectivos capiteles, de sencilla decoración vegetal. Este atrio tenía también entrada por su costado de levante, así como por el de poniente, que es el único hoy practicable. El ingreso al templo se hace por su portada inserta en el muro meridional del mismo: consta de cuatro arquivoltas lisas, con ornamentación vegetal la más extensa. Estos arcos de degradación apoyan en capiteles de hojas de acanto, muy deteriorados. En la cabecera destaca el ábside, de planta semicircular, cuyo alero sostienen variados canecillos de curiosa decoración. Dicho alero presenta toda su superficie tallada con temas vegetales y ajedrezado. El interior es de nave única, recorrida en su basamenta por un poyo de piedra, que también se extiende al presbiterio y al ábside. El pavimento es de grandes losas de piedra. La techumbre es de madera de sabina. El presbiterio, ligeramente elevado sobre la nave, da paso al ábside semicircular. Un arco fajón o triunfal que media entre la nave y el presbiterio se apoya sobre dos capiteles decorados: en el de la derecha, simples motivos vegetales; en el de la izquierda, una serie de figuras tomadas del bestiario medieval; basiliscos y harpías a los lados; símbolos del bien y el mal, tomados de los capiteles del claustro monasterial de Silos, que hasta aquí ejerce su influencia iconográfica. No cabía, pues, olvidarnos de Santa Catalina de Hinojosa al darnos una vuelta por el Señorío de Molina vaciado. Todo aquí está lejos, pero se llega sin dificultad, y se queda para siempre en el corazón de quien lo conoce.

Teroleja

VARIAS VECES HE IDO A TEROLEJA, porque en el tiempo bueno se puede pasear el pueblo, ver la iglesia románica, contemplar los campos que la rodean, evocar las romerías de los cofrades que bajaban a la Hoz del Gallo encapuchados y con velas... pero la última vez que fui ya no ví a nadie. Según me han dicho, se ha vaciado y nadie queda viviendo en el lugar, aunque el INE dice que hay 10 personas censadas, y en periodos vacacionales, "puentes" y sobre todo en verano, siguen yendo sus antiguos hijos e hijas, y ocupando sus casas, que se mantienen en pie en buen número.

A Teroleja se le incluye hoy, como pedanía, en el municipio de Corduente. Fue en sus inicios, allá por la Edad de Hierro, un enclave celtibérico que es ya apenas perceptible, que estuvo donde dicen «el Castillo». Perteneció desde el siglo XII, como aldea, al Común de Molina; y en el siglo XIV, cuando este territorio se entregó al rey de Aragón por no querer aceptar el señorío de Beltrán du Guesclin, fue entregado a la familia de los García de Vera, alcaides del castillo molinés, en cuyo poder estuvo algún tiempo.

Sin remedio ha entrado en esta nómina de la Guadalajara vaciada, en la que sus cuatro comarcas principales tienen algún representante, pero el Señorío de Molina es el que más, aunque suene menos.

Al paseante que en absoluto silencio (las carreteras, muy comarcales, están lejos) se asoma a Teroleja, tres cosas le llaman la atención, y siguen en pie. Es una la gran fuente de piedra que surge en el centro del pueblo. Es otra el conjunto de arquitectura popular del pueblo, muy característica de la zona, con edificios de fuerte sillar y dovelajes o dinteles tallados en los portones de las viviendas. Y es la tercera la iglesia parroquial, construcción muy hermosa del estilo románico rural, que se muestra en un amplio atrio descubierto al sur, al que se penetra por arco semicircular adovelado. La estructura del templo es muy sencilla, con espadaña triangular sobre el muro de poniente. En el meridional se abre la portada, obra plenamente románica, con arco de semicírculo ornado por una serie de arquivoltas baquetonadas que descansan en sencillos capiteles vegetales. En el friso o alero de la puerta, diversos canecillos con representaciones antropomorfas y zoomórficas muy expresivas. El interior muestra arco triunfal románico de paso al presbiterio.

Y nada más. Tan solo evocar a los cofrades que revestidos de mantos blancos y capuchas puntiagudas del mismo color, en procesión andaban hasta la ermita de la Virgen de la Hoz, río Gallo abajo desde Corduente, según se mostraba en una vieja tabla exvoto que llegué a fotografiar en su sacristía, hace muchos años. Se rememora aún ese día festivo, ese encuentro, dilatado en el tiempo, de los terolejanos, con su tierra, sus costumbres, sus ancestros y sus entusiasmos, que a veces solo duran ese día, y así hasta otro año.

Vega de Arias, por Tierzo

En TÉRMINO DE TIERZO, y ocupando satisfecha lo ancho y lo largo de una gran vega que forma el río Bullones poco antes de adentrarse en las estrecheces abarrancadas por las que accederá al Gallo, se alza un caserío elegante puesto por los Arauz, criadores de toros, junto a otro edificio mucho más antiguo que resulta ser una casa-fuerte o castillo de rancia tradición. Llaman a esta *la Vega de Arias*, y ofrece un paisaje casi idílico y siempre verde.

Dice la tradición que por aquí atravesó el Cid en su camino de Burgos a Valencia. Lo cierto es que este enclave perteneció, desde la repoblación del Señorío molinés, a diversas casas de la nobleza del territorio, entre ellas a los mayorazgos de Salinas y luego a los de Castejón de Andrade. Desde el siglo XVIII pertenece a los Arauz de Robles. Destaca en Arias su edificio central, obra del siglo XIII, de planta rectangular con fachada en la que luce portón apuntado, adovelado, y con gastado escudo de piedra, varios ventanales estrechos y simétricos, y una serie de salones internos distribuidos en dos pisos, a los que se accede desde un portal con pozo. Ante el edificio se abre un ancho «patio de armas» cerrado por alto murallón o barbacana almenada al que se entra por apuntado arco de sillería que se protege por elegante matacán. Es un conjunto interesantísimo de arquitectura civil medieval, y está calificado como monumento histórico-artístico.

En el término de Tierzo existieron otros elementos de arquitectura militar medieval: en sus cercanías hubo un castillo, al que hoy, en su arruinado desmantelamiento, llaman *del Moro*. De otras torres vigías que en el término existieron, queda aún la *Torrecilla la Rubia*. Todo ello viene a ser muestra de la importancia estratégica que para el Señorío molinés y su defensa suponía este enclave. Siempre fue del Común de Villa y Tierra, adscrito al señorío de los Laras medievales y luego de los Reyes de Castilla.

Y en este entorno de la Vega de Arias, aparte de la belleza de su paisaje, como un joyel en medio del páramo molinés, se añade la sugerencia legendaria de que aquí posó don Ruy Díaz de Vivar, *el Cid Campeador*, en su viaje del destierro desde Burgos a Valencia. El "Cantar" de Mío Cid va sugiriendo espacios por los que don Rodrigo pasaba con su mesnada de fieles a buscar acogimiento, y a hacer guerras a cambio de dinero. Uno de esos lugares es este de Tierzo, esta Vega de Arias en que no han quedado habitadores, pero sí la magia del recuerdo, el poso firme de la historia.

Valhermoso

Sobre el alto páramo molinés, y entre ya esquilmados sabinares, surge este pueblo que hoy está reducido a breve caserío, pero que aún presenta muestras suficientes de un pasado esplendor, que incluso reconocen las crónicas. Su nombre es claramente originario de la repoblación del territorio o Común de Molina en el siglo XII. En el XIV, cuando el Señorío todo se entregó voluntariamente a Pedro IV de Aragón, éste hizo merced de Valhermoso a su cortesano García de Vera, en 1369.

Es difícil encontrar un nombre más bonito para un pueblo. El valle casi no se reconoce, porque el lugar está en alto, pero la hermosura del entorno es manifiesta, gracias a los bosques de sabinas que aún mantienen su severa muestra de generosidad creativa: la *Sabina albar* se muestra en manchas densas, aunque aisladas, prueba de que en tiempos antiguos el ámbito estuvo cuajado de ellas, constituyendo un cerrado bosque de estos árboles que pueden considerarse antediluvianos.

Aunque está muy cerca de la capital del Señorío de Molina de Aragón, y la presencia de casas abiertas mantenidas por valientes vecinos que se resisten a dejar el lugar, Valhermoso está incluido en esta nómina de la "Guadalajara vaciada" porque a día de hoy solo le quedan 26 habitantes censados. Y su *modus vivendi* expresa muy bien lo que este tipo de sociedad rural significa: que la mayoría de ellos, aún censados, viven en la capital, y vienen muy a menudo, y sobre todo en verano, a ocupar las residencias de sus mayores, los vetustos caserones, o los modernos chalets que conforman el lugar.

En su término existen algunos yacimientos arqueológicos mal conocidos todavía, sin estudiar ni clarificar debidamente, en los lugares de «Fuente de Hoya Romana», y «Fuente de la Torre», quizás enclaves de habitación del primitivo pueblo celtíbero.

Destaca en el caserío, aislada del resto de las construcciones, la Casa Grande, que es una típica edificación de las llamadas «casas grandes molinesas», construida en 1786, y que ahora pertenece a las familias Rodrigo, Martínez y Martínez-Muñoz. Presenta un patio anterior muy amplio circuido de alto muro de sillarejo, con torreones en las esquinas y gran portalón adintelado en la entrada. Preside el conjunto la casa residencial, con fachada muy simé-

trica en la que destaca la puerta principal de entrada, adintelada con jambas almohadilladas. Por el resto del muro se abren grandes ventanales cubiertos de magníficas rejas de la época. La distribución interior, en dos pisos y cámara, es característica de estas edificaciones. Lleva anejos algunos corrales y almacenes. Por el pueblo se ven todavía algunas otras casonas modificadas, y aún cabe destacar la iglesia parroquial, que es ejemplar construido en el siglo XVI, muy sencillo, con espadaña a los pies del templo, y una puerta de arco semicircular moldurado para el acceso. El interior es de una sola nave, con escasos retablos carentes de interés.

En este lugar puede localizarse la trama de una magnífica novela, "*Historias del Páramo*" que en 2017 escribió Emilio Clemente, a la sazón alcalde de la villa y defensor a ultranza de la misma, de sus esencias, de sus modos de vida. En sus páginas encontramos las claves de este sentimiento de añoranza y admiración por los tiempos viejos. ¿Eran, quizás, más humanos que los de ahora? Cabales y seguros siempre.

Peralejos, la Herrería

LUGARES PERDIDOS, LEJANOS DE CUALQUIER PARTE: tanto pueblos como caseríos, industrias o ermitas, palacios y castillares. También ellos forman, con su altivez borrosa, la "Guadalajara vaciada" a la que hay que recurrir para formar el mapa de lo hermoso e intangible.

Uno de esos lugares es la herrería del Oceseca, de la que aún quedan orgullosas ruinas en la orilla izquierda de ese río, poco antes de que desagüe en el Tajo por Checa.

Esta industria fue creada, a principios del siglo XVI (1513 exactamente) por don Antón Garcés de Marcilla, un acaudalado vecino de Molina de Aragón, que aquí puso un horno y fábrica de armar hierros sobre una antigua sierra hidráulica que regentaba Pedro de la Coba. En un prado amable, en la orilla izquierda del Río de la Hoz Seca, o el Oceseca como muchos popularmente le llaman, en término de Checa pero frente al de Peralejos. El emplazamiento no era caprichoso. Desde siglos antes, los espacios del Alto Tajo y las sierras celtibéricas, por su abundancia de agua y de maderas, fueron los escogidos por industriosos vizcaínos para poner ferrerías y montar empresas muy productivas de todo tipo de elementos hechos con hierro. Los montes entre Orihuela del Tremedal y Peralejos de las Truchas vieron surgir algunos de estos establecimientos.

La herrería del Oceseca en Checa es exponente de un paisaje cultural muy completo, ya que encarnaba un espacio de microeconomía en la que se gestionaba el monte, se explotaban los recursos hídricos, las huertas, los cultivos de cereales y la ganadería. De ahí que el conjunto mostrase tanto el edificio del proceso ferrero, como un buen palacio de piedra sillar, hecho en el siglo XVIII, más almacenes para grano y ganado. A pesar de la ruina (que la ha llevado recientemente a ser incluida en la "Lista Roja del Patrimonio" elaborada por Hispania Nostra) todavía impresiona el lugar, al que se accede por buen camino desde Peralejos de las Truchas, y desde la orilla del Tajo a no más de quince minutos andando, desde el lugar que llaman "las Juntas". Dice un viajero que no hace mucho la descubrió que *"Estamos en un sitio de leyenda, emblemático y, para algunos, encantado. Hay mucha historia aquí, sobre todo en la señorial casona que preside el entorno"*. Dejando aparte el rimbombante lenguaje

que hoy se usa para describir cualquier sitio que nos impresiona por su belleza, lo cierto es que esta Ferrería deja un buen regusto en quien la contempla. A efectos estéticos, solamente, porque cuando uno se acerca y admira el cúmulo de ruinas en que se constituye, entra en el camino del desaliento. Se abandonó totalmente mediado el siglo XX. Tras el abandono el expolio. Y los agentes atmosféricos, que en esta zona de España suelen ser de mucha lluvia y recios fríos. Se perdió buena parte del canal, aunque aun se ve el lugar donde estuvo la noria. De los corrales anejos solo quedan los muros, y de la casa palacio apenas un cuarto de cubierta le queda. Lo demás se ha hundido. Tras la pérdida del tejado, avanzará la ruina de los muros. En la zona donde estuvieron los hornos y el martinete, apenas se reflejan en superficie sus esqueletos, tapizado todo de hierbas y derrumbes. A la herrería del Hoceseca muchos la nombraron con el apellido de sus últimos propietarios. Así fue "la Herrería de Morencos" su nombre habitual en los dos últimos siglos. En el cercano santuario de la Virgen de Ribagorda, de Peralejos, se conserva una lápida en la que vemos la inscripción que recuerda a una de sus antiguas moradoras: *"Aquí yace Doña Luisa López Morencos de Arrazola, natural de Checa, que falleció (en su casona de la Herrería) a 13 de julio de 1860"*

Índice Topográfico

HÍZOSE

este libro que muestra en estampas
dibujadas por Isidre Monés Pons,
y escritas por Antonio Herrera Casado,
en los estudios de la editorial AACHE,
en la ciudad de Guadalajara,
las imágenes de los pueblos de esta provincia
que han ido quedando vacíos
desde finales del siglo XX,
y acabóse de imprimir
la jornada dedicada a memorar
y celebrar el libro como vehículo
de cultura y humanismo,
el 23 de abril de 2024.